# いのちの証言

ナチスの時代を生き延びたユダヤ人と日本人

六草いちか

晶文社

装丁——岩瀬聡
編集——大場葉子

# いのちの証言

## ナチスの時代を生き延びたユダヤ人と日本人

目次

## 第四章　証言



## 第五章　気魄

第六章　追懐

# 第一章
# 発端

レジーナの肖像。
ユダヤ人であった彼女は生前、ナチ政権下のベルリンを
日本大使館に助けられ生き延びたと語っていた。

## 数奇な巡り合わせ

「ご主人の伯母にあたる方が、第二次世界大戦時にベルリンにお住まいで、当館に助けられて生き残ることができたそうなのです」

町田達也参事官からあるユダヤ人夫妻を紹介されたとき、私はただ目を見張り、呆然と立っているしかなかった。

これから綴るユダヤ人たちとの不思議な出会いの数々は、2014年秋、ベルリンの中心部、ポツダム広場からさほど遠くないところにある、在ドイツ日本国大使館で始まった。

この日、大使館の多目的ホールで杉原千畝に関する映画の上映会が開かれた。ドイツ人監督が近年、制作したドキュメンタリー作品だった。

杉原千畝は第二次世界大戦中、領事代理を務めていたリトアニア・カウナスの日本領事館にて、外務省の指示に反して、ナチス・ドイツの迫害から逃れてきたユダヤ人に通過ビザを発給し、数千人もの命を救ったことで知られている。

けれども私にとっては、「勇気ある人道的行為を行った偉人」というだけでなく、ベルリンの歴史に関心を持つきっかけを作ってくれた人物でもある。

1998年、杉原がベルリンのユダヤ人協会から表彰されることになったとき、その授与式に参列した。あの頃はまだ今日のようにその名が広く知れ渡ってはおらず、ドイツ在住でもない日本人がドイツで、それもユダヤ人から表彰されるという珍しい現象の、事の真相を知りたいといった、興味本位な気持ちからだった。

授与式には、すでに故人であった杉原に代わって子息弘樹氏が臨み、氏が語った亡父の功績に深い感銘を受け、誘われるままに、その後二度行われた講演にも足を運んだ。

杉原が着任していたのはリトアニアだが、退去命令によって一家が移ってきたのがベルリンだった。当時、まだ幼かった弘樹氏がベルリンの景色で覚えているのは、動物園の入り口にある象の門のことくらいとのことだったが、それが現存し、現代の私たちも慣れ親しんでいることから、過去と現在がつながったような気がした。また、リトアニアから移動してきた地というだけのことなのに、こうして表彰されるほどの偉業を果たした人物がこの地を踏んだということが、この町に住む私にとってはなにか誇らしいことのように感じられ、当時の町の様子に思いを馳せた。

ベルリンの歴史について書くという今の私のあり方は、このときに端を発している。

とはいえ、この日の上映会を心待ちにしていたわけではなかった。それどころか、事前に配信されていたはずの案内さえ読み落とし、その開催をまったく知らずにいたのだ。

この秋に日本からやってくる新聞記者団のベルリン視察を手伝うことになっていて、その打ち合わせが前日にあった。視察のテーマが、翌年が終戦七十年であることから、「戦後処理と和解のありかた」だったため、ナチス・ドイツ時代のベルリンのことが話題に上り、それがきっかけでこの上映会のことを小耳に挟んだのだった。

慌てて申し込み、滑り込みセーフといった状態で会場に駆けつけたので、映画鑑賞のほかにプログラムが用意されていることも知らなかったし、思いもよらない出会いが待っているなど予想だにしなかった。

会場ではこの日、いつになく西洋人の姿が目立った。「スギハラ・フィルムだからユダヤ人の参加が多い」と、囁き合う人がいる。上映後は、監督をはじめリトアニア大使やスウェーデン大使、またユダヤ人協会会長らを交えてのディスカッションが行われた。

そのやり取りを通して、今、壇上で語っている人物の所属するユダヤ人協会が、かつて故杉原氏を表彰した団体であったことに、ようやくここで気がついた。

このユダヤ人協会は、スギハラ・フィルムの上映会だからと大使館から招かれたのではなく、スギハラ・フィルムの新作であるからと、この協会のほうが大使館での上映会開催を持ちかけたのだった。

ディスカッションに耳を傾けながら、１９４０年、１９９８年、２０１４年と、七十四年の時の流れが一本の糸でつながっているような、不思議な気持ちに包まれた。

## この地下で

町田参事官に呼び止められたのは、プログラム終了後のレセプションでのことだった。目の前に立つユダヤ人夫妻の、夫の伯母に当たる女性が、日本大使館に助けられ、ナチスの時代のベルリンを生き延びたという。

夫妻の姓をシェヴァクといった。

第二次世界大戦当時、ユダヤ人である夫の伯母をベルリンの日本大使館が助けたのだという。

参事官の言葉に目を見張る私を、シェヴァク夫妻は頷きながら見つめていた。

「そのようなこと、なにか聞いていらっしゃいますか？」

あまりの驚きに言葉もなく立ち尽くしていたが、参事官の問いかけに、頭の中の検索機能が勢いよく動き始めた。

私はこの数年間、森鷗外の小説『舞姫』のヒロイン、エリスのモデルとなった女性の消息を尋ね、二冊の本にまとめた。

『舞姫』は、明治時代のベルリンを舞台にした、下町の貧しい踊り子エリスと日本人エリート留学生、豊太郎の悲恋の物語だが、その背景には鷗外自身の体験が秘められている。これに取り掛かる前の二年間はナチス・ドイツ時代のベルリンについて調べていた。

私の関心は政治的なことよりも生活誌にあり、ドイツ人による体験記をはじめ、当時のベルリンを生き延びた邦人たちの日記や回想録なども読み漁ったものだった。それらの記憶のかけらをつなぎ合わせた。

〈ベルリンに在住していた邦人の多くは戦争勃発とともに帰国したが、ドイツ軍のフランス侵攻に伴いフランスから避難してきた邦人で再び数百人に膨れ上がった。しかしベルリンも空爆が相次ぐようになり、邦人のほとんどはベルリン近郊の居城などを借り上げ集団疎開し、戦火の激しい都心部に残ったのは大使館員や軍関係者、そしてごく数人の民間人と新聞記者らのみ。敗戦も色濃くなったある日、ドイツ政府から大使館に避難勧告が出され、大島浩大使夫妻および館員数名に、大使公邸に身を寄せていたヴァイオリニスト諏訪根自子が加わり、十数人が数台の車に分乗してナチスが用意した疎開先へと向かった。館を閉鎖するわけにはいかず一部はそのまま残ることになり、砲撃が激しくなると大使館地下に籠城し、終戦を迎えた……〉

籠城にはたしか現地職員も含まれていたはずだが、その中にユダヤ人がいたということか。……いや、日本はドイツの同盟国だ。いくらなんでもそれはあり得ないだろう。にわかに信じられずにいる私に、シェヴァク氏は、「伯母は料理人として雇ってもらったそうで」と言った。

料理人……。

調理だけなら外部との接触も少なくて済む。大使館の地下室には、たしか数か月分の食料品が備蓄されていたはずだ。料理人が雇われていてもおかしくない。彼女自ら潜り込んだのか、それとも誰かが匿《かくま》ったのだろうか。

ナチスによるユダヤ人迫害は、ある日いきなりガス室の中で始まったのではない。１９３３年にナチ党が政権を獲得したのを契機に、徐々にユダヤ人の日常が脅かされていった。ユダヤ人たちは、職を奪われ、学校を追われ、趣味を禁じられ、社会参加を拒絶され、物の購入を制限され、黄色い星を服に縫い付けることを強制され、区別され、差別され、心理的にも物理的にも町から締め出され、ついには強制収容所へと送られていくことになったのだ。これらはユダヤ人に対する憎悪から市民の間で自然発生した行為ではなく、政府が法律として施行したものだった。市民の多くは反感を抱きながらも抗い切れず、次第に「異常」に慣れていく（巻末資料１参照）。

ベルリンにはかつて十六万人以上のユダヤ人が暮らしていたが、終戦までこの町で生き延びることができたのはわずか六千人だった。

市民の多くはホロコーストに直接的に関与したつもりはなかったのに、ナチスの蛮行に反感さえ抱いていたはずなのに、結果的に十五万四千人ものユダヤ人たちを、この町から、あるいはこの世から追い出してしまったのだ。

しかしながら迫害の陰で、密かにユダヤ人に手を差し伸べる市民も多くいた。

市内で終戦を迎えた六千人のうち二千人はドイツ人の妻や夫や親を持っていた人たちで、ゲッベルスが決行したベルリン市内残留ユダヤ人一掃作戦に抗議したドイツ人女性たちによって救われた。けれどもあとの四千人は、市民が個人的に隠し通した人たちだ。戦況の悪化とともに食料は配給制となり、配給クーポンを持つ者でさえ空腹をしのがなければならない時代がやってくる。農地を持たないこの町で、誰の協力も得ず独り密かに身を隠して生き延びることは不可能だ。自身の身を削ってまで助けようとした市民がいたはずだ。

シェヴァク氏の伯母もそれらの人々の庇護を受け、四千人のうちの一人になることができたのだろう。しかし助け手が日本国大使館だったというのはどうだろう。ドイツの同盟国でありながらそのようなことができるだろうか。公館内でそんなことがあり得るだろうか。

胸中思いを巡らしながら、「伯母さんは、以前は飲食店にお勤めを?」と尋ねた私に、二人は首を横に振って応えた。

「商売のほうです。洋装店を経営していました。店を奪われてからは強制労働に就きましたが」

「調理師の資格などは……」

「持っていなかったと思います。そんな話は聞いたことがないし」

同意を求めるように振り返ったシェヴァク氏に、夫人は頷きながら「料理はあまり得意ではなかったわね」と苦笑した。

調理師免許を持つどころか料理に自信さえない人が、国賓を招くことも多いはずの公邸で料理人を務めていた?!

まるでスパイ映画の一シーンではないか。

マイケル・ダグラス主演の映画『嵐の中で輝いて』（1992）はまさしくナチ時代のベルリンが舞台で、ドイツ人将校の屋敷に料理人として潜入した女スパイが晩餐会の鳩料理を生焼けのまま出してしまうシーンがあるが、あれは映画の世界だ（映画の中でさえも、その後すぐにクビになっている）。正規の雇用はあり得ないだろう。館の誰かが事情を知りながらあえて「料理人」として雇い入れたということだろうか。

ユダヤ人保護が極刑に値するほどの大罪であった時代に何千人ものユダヤ人を救った杉原千畝は別格の大英雄だが、ベルリンを拠点に欧州で活躍した指揮者近衛秀麿も数家族を救出したと晩年に回想している。また、のちにドイツワインの権威となりドイツから一等功労十字勲章を受章した古賀守も、留学中にユダヤ人の亡命を手伝った体験を語っている。隠れた英雄はほかにもいるのかもしれない。

最初はあり得ないと思ったが、もしシェヴァク夫妻が私たちを担ごうとしたのなら、もう少しもっともらしい嘘がつけたはずだ。料理ができないのに料理人だったとは言わなかっただろう。こなれた話でないだけに実直さを感じさせる。意外にこれは事実なのかもしれない……。

そう思うと好奇心が搔き立てられ、詳しい話を聞かせてほしいと願い出た。

かつて、空爆で都心部の九〇％以上が廃墟と化し、なおも砲撃の音が鳴り響く中、邦人ら十数名による死と背中合わせの籠城が繰り広げられた、まさしくその場所でのやりとりだった。

## 事前資料

帰宅とともに本棚へ急ぎ、関連書籍をかき集めるや読みふけった。

それに数日費やしたが、大使館内の籠城について詳しく書いているのは当時の朝日新聞記者、守山義雄と三等書記官、新関欽哉くらいで、手がかりといえば、新関の手記『第二次大戦下ベルリン最後の日――ある外交官の記録』（日本放送出版協会／１９８８）に、籠城した邦人は十六人であったと書かれていることくらいだった。

現地職員に関しては、ソ連軍が町を占拠し事実上終戦を迎えた5月2日、ソ連兵が館内に乗り込んできた様子を書いた個所に、「大使館内には若いドイツ人のタイピストや使用人の家族も同居していたので、どんな手荒いことをされるかもしれないと思って、非常に心配であった」という記述が見られただけで、名前までは言及されていなかった。

大使館内の様子をもう少し詳しく読んだ記憶があるが……と、探しに探してようやく見つけたのは、書籍ではなく参事官だった河原畯一郎が帰国後に外務省に提出した報告書「在ドイツ大使館内籠城よりドイツ引揚迄の経緯」だった。そこには料理人に関する記載があった。

大使館内には水道電気及び瓦斯切断の場合を考慮し、予め井戸を掘り炊事用の竈四個ローソク数百本を用意する外、百人一ヶ月分の食料を準備し、料理人三名及び獨雇人十名を居住せしめ、向える事態の発生に備え置きたり

この「料理人三名」の一人が彼女なのだろうか。それとも「獨雇人十名」のなかに含まれるのだろうか。

これらのページをコピーし、シェヴァク夫妻に面会を申し入れた。

## レジーナおばさん

数日後、シェヴァク夫妻を自宅に訪ねた。

シェヴァク氏の母親も伯母同様、ベルリンに暮らしていたが、ナチ時代に危険を感じ1930年代にアメリカに「移住」した。

「移住」というのは、1933年のヒトラー内閣成立以降、ユダヤ人出国禁止令が施行される1941年10月23日までの期間は、資産の放棄など非道な条件は伴っていたものの出国そのものは可能だったからだ。30年代は、ユダヤ人が自由意志でドイツから立ち去ることをナチスはむしろ喜んでいた。

シェヴァク氏はアメリカで生まれ育ち、70年代に妻と共にベルリンに移住してきた。これは家族のルーツと直接関係があるわけではなく、学生時代にいろいろな国を見聞し、住処としてベルリンという町に魅力を感じたからだという。当時は冷戦時代であり、西ベルリンには米軍が統治する地区があったため、アメリカ人にとっては移住の手続きも難しくなかった。

二人にとって伯母はベルリンに在住する唯一の親戚であったから、当初はなにかと世話になったという。

伯母から戦時中の話を聞いたのは住み始めて何年も経ってからのことで、伯母は多くを語りたがらなかったが、過酷な体験の中でも幸運に守られた人だったとシェヴァク氏は回想する。

伯母は1900年に、当時「シュテットル」と呼ばれた東欧の片田舎に点在するユダヤ人村のひとつ、ポーランド（現在はウクライナ）のスタニスラウ郡トゥルマッツ村に生まれた。「ニュルンベルク法」（巻末資料2参照）と呼ばれた人種法でいうところの「完全ユダヤ人」である。

二十歳の頃、親戚を頼ってベルリンにやってきて、売り子として働き、後に自身の洋装店を持つに至る。しかしナチ時代に突入し、店を奪われ、シーメンス社の強制労働に加わった。ベルリンにおける列車での強制収容所への大量移送は1941年秋に始まり、まずは完全ユダヤ人が連行されていった。しかし彼女はその難を逃れている。夫がアーリア人だったのだろうか。ドイツ人を配偶者に持つユダヤ人はなにかと優遇され、市内の工場で強制的に働かされてはいたものの、強制収容所への移送が始まった当初はその対象から外されていた。伯母の夫は30年代に他界したとのことだが、彼女はその特権に与ることができたのだろうか。

しかしその効力が失せるときが来た。

1943年2月27日。ベルリンにおけるユダヤ人一掃作戦が実施された。

この頃、ベルリン市内に残っているユダヤ人は、子どもを除いて全員が強制労働に就いていた。早朝、ゲシュタポ（ナチ時代の秘密国家警察）および武装した親衛隊が、市内全域の強制労働所を包囲し、ユダヤ人を全員トラックに詰め込み、市内四か所に用意した中継所へと搬送した。

そこで移送リストが作成され、再びトラックで鉄道駅に連れて行かれた。そこから「絶滅収容所」とも呼ばれたアウシュヴィッツへと送られ、一部の例外を除いて全員が虐殺された。この出来事は後年に「工場作戦《ファブリーク・アクツィオン》」と呼ばれるようになった。

しかし伯母はこの難からも逃れている。

体調を崩して数日前から仕事を休み、なんとか回復し遅刻ながらに出勤すると、工場はもぬけの殻になっていた。作業仲間たちが連行された直後だった。

九死に一生を得たが、この瞬間、彼女は命以外のすべてを失う。

帰宅すれば捜しに来たゲシュタポに見つかり逮捕される。ユダヤ人は町から一掃されたのだから、ユダヤ人でいることは許されない。

縫い付けた星のマークを剝ぎ取り、ユダヤ人と識別できる刻印の入った身分証明書も捨てた。

誰かを頼るしかないが、ただでさえ物資の乏しい昨今、食料の配給を受けられない者を庇護するには相当の覚悟が必要だ。伯母は晩年、日本大使館に雇ってもらって命拾いしたと語り、とくにあの時代に食料を与えられたのは本当に助かったと、しみじみ語っていたそうだ。それがこのときなのだろうか。

それらの話を聞いたのち、私は持参したコピーを見せ、大使館に助けられた事実を立証するために調査させてほしいと願い出た。資料か、または当事者らの記憶のどこかに彼女の存在が刻まれているかもしれない。

シェヴァク夫妻は、七十年も経っているのに成果があるだろうかと案じながらも快諾し、調査が簡便になるよう委任状を書いてくれた。

伯母は「レジーナ」と名乗っていたが、本名は「リフカ」といった。無人の工場に一人立ち尽くした日に名前さえも捨てたのだろう。

シェヴァク氏が、「タンテ・レジーナ《レジーナおばさん》」と懐かしさを込めて呟いた。

とくに当てなどなかったが、百二十年前の「エリス」を見つけるよりはたやすいことだろう。

こうしてレジーナおばさん捜しが始まった。

# 第二章

# 鎮魂

つまずきの石。
街路にはめ込まれた10cm四方の真鍮板には
ホロコースト犠牲者の名が刻まれている。

## レジーナおばさんの手がかり

ナチ政権下のベルリンで、日本大使館に雇われ生き延びることができたというユダヤ人女性レジーナ。その事実を裏付ける手がかりを探し始めた。ドイツと同盟は結んでいても、人は倫理を失わず、秘密裏にユダヤ人を助けるということがあったのだろうか。

ドイツの敗戦も色濃くなると、ベルリンに在住していた数百人の邦人のほとんどはベルリン近郊に集団疎開し、市内に残ったのは四十人足らずだった。ソ連軍の侵攻が間近に迫った1945年4月14日には大島浩大使一行がバート・ガスタインに避難し、市内に残った外交官らは、終戦を迎える二週間前から大使館内に籠城した。

当時の日本国大使館は現在と同じ場所にあった。現在は館内の間取もずいぶん変わり、領事部も大幅に増築されたそうだが、ティアガルテン通りに面した大使公邸の外観は、当時のままの佇まいを見せている。

元々、領事部は現在地から南に二キロメートルほど離れたノレンドルフ広場駅近くの小路、アーホルン通り1番地に所在し、大使公邸は現在ベルリン・フィルハーモニー管弦楽団コンサートホールの建つ場所、ティアガルテン通り3番地にあった。ナチスが優生学思想をよりどころに、身体障害者および知的障害者を殺処分にした安楽死政策「T4作戦」は、本部がティアガルテン

（Tiergarten）通り4番地にあったことから、通りの名称の頭文字と番地を組み合わせた命名で、すなわち、日本国大使公邸はその隣にあったわけだ。

この分散していた大使館機能が統合され現在の場所に移動することになったのは、1937年1月にナチ政府が発表した「独帝国首都ベルリン再編成計画」が契機で、1938年に着工し、領事部が1940年11月、公邸部分は、1942年半ばに完成した。

日本国大使館が典型的なナチ建築スタイル、「第三帝国様式」を呈しているのは、当時の国内の建築はすべてナチ党「建設総監」に所属するドイツ人建築家によるものと限定されていたためで、発注主である日本政府は建築家谷口吉郎を日本からわざわざ招聘したものの、プランはドイツ側で一方的に進められ、日本側は提示された設計図に対して要望を出すことしかできなかった。そうして完成した大使館の庭園下には、強固な地下防空壕が建設されており、百人を一か月間、養うだけの食料品が備蓄されていた。

籠城時にはこの地下防空壕が居住空間として使われ、空爆で焼け出された邦人新聞記者や銀行員らが逃げ込んでメンバーに加わった。もしレジーナが現地職員として市内に残留したなら、この面々と運命を共にしていたことになる。

ここに一枚の貴重な写真がある。

冷戦時代、西ベルリン、ダーレム区にあったベルリン総領事館に現地職員として勤務していた生田千秋氏が戦後初めてカメラに収めたものだ。

１９４５年5月8日にドイツが終戦を迎えると、ドイツに残留していた邦人は、ソ連軍あるいは米軍によって日本へと強制的に送還された。その際、ベルリンの日本国大使館は施錠され、以降、何十年にもわたって封印されたままだった。そして１９８０年、大使館建物再利用の話が挙がり、内部の状態を調査するよう総領事から命じられた生田氏ら職員三人が、戦後初めて館内に立ち入ったのだった。

三十五年ぶりに開け放たれた扉の向こうには、大食堂ではダイニングテーブルの上に天井が落ち、ある部屋には家具が山積みになって埃をかぶり、また別の部屋では当時の新聞や書類が散乱し、かの日の記憶がそのまま沈殿しているかのような状態で、地下壕に入っていくと、それぞれの部屋の入り口に、大使、参事官、書記官と札が下がり、さながら「ミニ大使館」と言えるほどの機能を備えていたことが分かった。そして半地下部分に厨房と思しき部屋があり、調理器や流し台がそのままの状態で置かれていた。

レジーナは、この厨房で立ち働いていたのだろうか。

まずは手持ちの手記などを丹念に読み返し、レジーナの消息を捜す手がかりとなりそうな人物の名を順に書き出していった。終戦から七十年、当事者への取材は困難でも、生前に聞いた話を覚えている子孫や後輩がいるかもしれない。また、未読の回想記がほかにあり貴重な証言が含まれているかもしれない。

終戦を大使館内で迎えた若き書記官、新関欽哉の『第二次大戦下ベルリン最後の日』および朝日新聞支局長、守山義雄の『守山義雄文集』(守山義雄文集刊行会/1965)の記述を基に書き出すと、終戦直前に大使館に籠城したメンバーは次のようになる。

河原畯一郎(参事官)
新関欽哉(書記官)
吉野文六(外交官補)
兼松武(外交官補)
曽木隆輝(通訳官)
間片英彦(電信官)
大滝孝義(会計)
杉浦徳(外交官補)
中根正巳(外交官補)
阿部勝雄(陸軍武官)

渓口泰磨（陸軍武官）
湯本武雄（財務官）
有吉正（財務書記）
佐藤克郎（横浜正金銀行支店長）
守山義雄（朝日新聞記者）
原良夫（朝日新聞支局員）

それらの記録に現地雇用されたドイツ人の名は見当たらなかったが、有吉正が大蔵財務協会の機関誌「財政」に寄稿した終戦前後の日記には、ベルリンの町や自身周辺の様子が詳細にわたって綴られており、「獨雇人十名」の存在も窺える。

**五月三日（木曜日）**

（前略）大使館には、なお相当数のドイツ人の使用人もいたのであるが、彼らは戦闘が終わってもなおすべて地下室にひきこもっている。地下室に降りると、吾々の足音にもドキリとして小声の話をピタリと止め、地上の模様をたづねては深い溜息をつく。直接の敗戦者である彼等ドイツ人の悲哀は、吾々のそれよりも遥に大きなことを知り、日本の将来を考え併せ

て暗胆たるものがあった。（第16巻第11号／一〇六頁）

1945年4月。ソ連軍が首都ベルリンに侵攻し激しい市街戦が繰り広げられ、30日にヒトラーは総統官邸地下壕の自室で自害を遂げた。翌日5月1日の夜になってようやくラジオ放送を通して国民にその死が伝えられ、2日早朝にベルリンは降伏した。

ドイツが公式に終戦を迎えるのは8日だが、ベルリンにおいては2日の降伏をもって事実上戦争は終わっていた。にもかかわらずドイツ人職員たちは帰宅せず、大使館内に残留していたということだ。

ソ連軍により在留邦人全員が強制送還されることになり、大使館を後にした日には次のように記されている。

**五月十八日（金曜日）**

十一時頃、今日の夕方出発して故国に帰るよう、ソ連から申し渡された。慌てて荷物をまとめる。約束の七時に、貨物自動車二台が迎へに来る。ティアガルテン街を西に大使館を過ぎた時、後に残されたドイツ人が、見えなくなるまで手を振つていた。勝利の女神の塔を皮肉に打仰ぎながら、東に折れ、リンデン街から、シュロスを廻り、フランクフルト街に出る。

（後略）（第16巻第11号／一〇六―一〇七頁）

ベルリン降伏から二週間以上、終戦から十日経っても、ドイツ人職員らは自宅へ戻らず、邦人たちと共に大使館内に残っていた。

前出の生田氏によると、邦人らが立ち去った後、ドイツ人職員のうちの一人が約束通り大使館を施錠し、以降、泥棒が入らないかときおり様子を見に通ったとのことだから、ほどなくして「獨雇人十名」は帰宅していったのだろう。

次に、バート・ガスタイン疎開組に加わった藤山楢一外交官の『一青年外交官の太平洋戦争』（新潮社／1989）に、三人のドイツ人現地職員の名が見つかった。

1944年も暮れる頃になると連合国側の反撃が一段と強まり、欧州各地に駐在する大公使館員たちが続々とベルリンに集まってきた。久しぶりに再会するから懐かしい顔もあったが、当然ながらそれを喜んでいられるような呑気な情勢ではない。

大使館事務所はしょっちゅう空襲に見舞われ、応急の修繕をしてもそれが終わる頃にはまたもや空襲に見舞われるのだった。事務所の建物の割れた窓はボール紙でふさいでかろうじて風雨をしのぎ、昼間も電灯を点けっぱなしにしていた。
　そんな折、帰宅途中の私の車がパンクした。爆撃された建物の破片の何かがつきささったものらしい。同乗していた江村君と一緒にあわてて作業にとりかかったのだが、二人がかりなのにボルトが緩められない。中古車なので錆びついているらしく、びくともしない。ちょうどそこを大使館のドイツ人秘書ランゲ嬢とチジンスキー嬢（現在もボンの日本大使の秘書をしているはず）が通りかかった。見かねて手伝ってくれた彼女たちの手で少しは緩んだが、その先は動かない。そこに同じく大使館のドイツ人運転手アウグスト君が通りかかった。彼はあっさり片手で全部のボルトを外し、タイヤを取りかえてしまった。日本男児の非力さをこのときほど強く感じたことはない。女性の秘書嬢たちにさえかなわなかったのだ。（一四九―一五〇頁）
　そこで、ドイツ人秘書の「ランゲ嬢」と「チジンスキー嬢」、運転手「アウグスト君」の三人の名前を手がかりに、インターネット上で検索したり、思い当たる知人に尋ねるなどしてみたが、収穫はまったくなく、ボンの日本大使の秘書をしているはずのチジンスキー嬢についても、1990年に東西ドイツが統一し首都がベルリンに戻ったのち、ボンの大使館は閉鎖されてしまったため、問い合わせる先がなく、足取りはまったく摑めなかった。

また並行して、賠償局への照会を行った。

ドイツでのユダヤ人に対しての賠償といえば、「記憶・責任・未来」財団の存在が一般に知られている。ナチス・ドイツ時代に迫害に遭ったユダヤ人のうち強制労働に従事した人への補償金の支払いを目的としてドイツ政府が発足させた機関で、用意していた約四十四億ユーロの配当を2007年に完了した今は、同じ過ちを繰り返さないための取り組みを教育プロジェクトとして行っている。

この財団が設立されたのは2000年で受給対象は生存者のみであったから、1977年に没したレジーナとは関係ないが、音楽学者、畑野小百合さんから、この機関とはまったく異なる賠償制度が戦後ほどなく導入され、「賠償局」という名称の部署が役所内に今も存在し、昔の資料を公開しているという情報を得たのだ。

畑野さんはベルリン芸術大学大学院に在籍し博士論文を執筆中で、ベルリン・フィルハーモニー管弦楽団創立時に大きな役割を果たしたヘルマン・ヴォルフ音楽事務所について調査する中で、ヴォルフ家がユダヤ系であったため1935年にナチスの手によって事務所が閉鎖に追い込まれていることに関する手がかりを辿るうち、この賠償制度の存在を知るに至ったとのことだった。

森鷗外の恋人エリーゼ・ヴィーゲルトの消息を追っていた際、教会や役所に残されている記録を閲覧することができたのは、ドイツの戸籍法におけるガイドラインに従ったもので、生誕から百十年、婚姻から八十年、死亡から三十年以上経った記録が個人情報保護の対象から外されるためだ。賠償局の記録も同様の基準のもとに管理されているのだろう。

調べてみると、この賠償局は古い資料を管理するだけでなく、現在も機能し、ナチ時代に迫害に遭った人々を対象に、生命、健康、職務の三つのカテゴリーに分け、生存者に必要経費を支給していることが分かった。

ベルリン州の公式サイトでは、賠償請求の申請用紙がダウンロードできるようになっており、この賠償を受けるには申請が必要で、自動的に支給されるものではないと書き添えられている。当初から同じ仕組みであるなら、レジーナは自営の店も奪われているのだから、何らかの申請を行っているかもしれない。もしそれがなされているなら、生き残ることができた経緯もどこかに記されているかもしれない。その可能性に賭けて閲覧を願い出た。

畑野さんによると、この賠償局では資料の有無を知るだけでも数週間かかり、記録が残っていたと分かった場合も、実際の閲覧までさらなる時間を要するとのことだった。果たして申請後、待てど暮らせど音沙汰がなかった。

## 追憶の碑

そうこうするうち、前述した、大使館でのスギハラ・フィルム上映会の存在を知るきっかけとなった打ち合わせの件、日本から来た新聞記者団によるベルリン視察の日が近づいた。視察のテーマは「戦後処理と和解のありかた」だった。翌年が終戦七十年に当たることから、ドイツが行った和解へ向けての取り組みについて取材したいとのことだった。公的機関での取材としては、先に述べた「記憶・責任・未来」財団およびドイツ連邦反差別局の訪問がすでに決まっており、その合間に視察する場所について検討した。

ベルリンには、ナチ時代を振り返った悔恨の碑が実に多い。

広く知られているところでは、ベルリン中心部、ブランデンブルク門の南側に広がる一画、「ヨーロッパで虐殺されたユダヤ人の慰霊碑／Denkmal für die ermordeten Juden Europas《デンクマール・フュア・ディー・エアモルデッテン・ユーデン・オイロッパーズ》」が挙げられる。外観は石碑群のようだが、一旦中に足を踏み入れると険しい石の森のようになっている。

また、ベルリン・フィルハーモニーの前の広場に設置された、障害者殺処分の記録を展示する「T4計画追悼碑／Aktion T4《アクツィオン・テー・フィア》」が完成したばかりでドイツでも大きく報じられたところなので注目したい。

そして、ベルリン市南西部グルーネヴァルト駅にある、強制収容所行き列車専用ホーム跡「17番線ホーム／Gleis 17《グライス・ズィーブツェーン》」も、規模も大きく知名度も高い。

そのほか、記念碑だけが立つところや、記念館として資料展示をする機関なども数多く、ざっと数えただけでも三十を超える。

また、市民らが自主的に取り組み設置された碑も少なくない。

ベルリン西地区随一の繁華街クーダムの老舗デパート、カー・デー・ヴェーのはす向かいにある地下鉄ヴィッテンベルク広場駅の入り口横に立つ、強制収容所のあった場所を列記した看板や、ベルリン南西部シュテーグリッツ駅前の広場に設置されているアウシュヴィッツへ移送されていった人々の名前を刻んだ巨大な鏡の壁などはその代表だ。

公私うまく取り合わせて回れるよう工夫し、その一か所に「バイエルン街」と呼ばれるエリアを選んだ。

ベルリン西部シェーネベルク区に属する、繁華街クーダムの南側に広がる一帯で、バイエルン州の都市名が通りの名称になっていることから「バイエルン街」と呼ばれるようになった（ドイツの住所は「通り名＋《プラス》番地」の組み合わせで、すべての道に名前がある）。

この一帯には、歩いて見て回る「記念碑」が、通りのあちらこちらに掲げられている。

それはネコやソーセージや海水パンツといった一見楽しげな絵柄の看板だが、ひとたび裏面に目をやると、「ネコ」の絵の看板の裏には、「ユダヤ人のペット所有禁止　1942年2月15日」、「ソーセージ」の絵には、「ユダヤ人への食料品配給廃止　1942年9月18日」、海水パンツの絵には「ベルリンの遊泳場およびプールへのユダヤ人の立ち入り禁止　1939年12月3日」といった、目を疑うような一文が施行日を添えて書かれている。これらはナチス・ドイツ時代に実際に施行された法令や条例の数々だ。

これらは地域住民らで組織するグループが、あの時代への反省の気持ちを込め制作したもので、八十種類の看板がこの地域に点在する。

私自身、このエリアに住んだことがあり、まだ幼かった我が子をバギーに乗せての散歩の折に、この看板を見かけて衝撃を受け、以来、毎回違う通りを選んでは看板を見て回ったものだった。

バイエルン広場を拠点に歩けば、これらの看板のほかにも、シナゴーグ（ユダヤ教会）跡には記念碑を見ることができ、周辺には旧建築が立ち並び、当時の人々の日常を肌で感じることができる。

またこの一帯は当時、在留邦人が最も多く住んでいた界隈でもある。日本人会をはじめ、陸軍事務所、海軍事務所、日本人学校、和食レストラン、日本製品販売店など日系機関や商店もこのエリア内に集中した。

ここでは在留邦人向け月刊誌まで発行され、邦人たちが「日本人村」と呼び親しんでいたエリアでもあるから、日本からの取材場所としても相応しい。

資料と地図を見比べながら準備を進めるその傍らで、ふと手を止めて、レジーナさんを思うことがあった。

今は追悼碑の中に閉じ込められた「過去」だが、これらの迫害を現実として受け止め生きていかなければならなかった彼女たちの毎日は、どのようなものだったのだろう……。


**「日本人村」と「ユダヤ人のスイス」**


視察の前日、あれこれ準備を整える中、思い立って、バイエルン街を管轄する区役所に出かけた。以前に一度、八十枚の看板の位置を記したマップをこの区役所で買い求めたことがあったと思い出したのだ。

もう二十年近くも前のことで、そのときのマップも人に譲ってしまい手元にはないが、看板の絵柄や法令も盛り込まれ、便利な作りになっていた。あれがあれば、歩きながら見上げた看板の内容を手元で確認することができて、きっと便利に違いない。

今となっては絶版になっているのかもしれないが、電話で問い合わせようにも、どこに掛ければよいのか分からない。それで直接出かけたのだった。

役所に辿り着き、入り口の守衛に「昔々……」と、おとぎ話でも聞かせるかのように用件を伝えると、すぐ横の入り口を入ったところに人がいるからそちらで訊いてみるようにと指示された。「展覧会開催中」と立て看板が置かれた扉を入ると、入り口横にカウンターが延び、販売用の書籍がずらりと陳列されていた。

ざっと見渡しただけでそれはいとも簡単に見つかった。

記憶とまったく同じデザインのマップを手に取り、廃版になっていなかったことを幸いに思いながらカウンターの向こう側の女性に手渡すと、彼女は精算の準備の傍ら、「この地図をご存じで？」と私に問いかけた。私が迷わず選び取ったことが彼女の興味をそそったのだろう。

それで以前この区に住んでいたことや看板や地図との個人的な関わりを話すと、「ベルリンのユダヤ人の歴史に興味があるなら、是非展示も見ていってください」と勧められ、彼女の視線につられて振り返って、驚いた。

そこには高い天井を持った、だだっ広い空間が広がっていた。

たしか入り口には「展覧会開催中」と書かれていたはずなのに、パネル展示などは一切なく、卓上ライトを載せた机が整然と並んでいる。八十枚の看板を制作した市民グループは今も健在で、区に協力して新たに取り組んだプロジェクト“Wir《ヴィア》 waren《ヴァーレン》 Nachbarn《ナッハバールン》（私たちは隣人だった）”展を開催していたのだった。

この展覧会は、かつてこの区に暮らしたユダヤ人一人一人に目を向けたもので、ひとつの机に一人といった具合に各人の生涯をまとめたファイルが置かれていた。

見ると、理論物理学者アルベルト・アインシュタイン、映画監督ビリー・ワイルダー、文学者クルト・トゥホルスキー、写真家ヘルムート・ニュートンといった著名人の名前も多い。

順に机を巡っていると、「日本人ですか?」とドイツ語で話しかける声がした。私のことかと振り返ると、背後に立っていた初老の女性が、いかにも興味深げな表情を浮かべて私の顔を覗き込んだ。

「そうですよ」と微笑んで返すと、「憧れの国なの」と彼女ははしゃいだ。

彼女の名はロスヴィータさんといった。

日本に興味を持ち、日本語を学びたいと切望しながらも叶わないままだという。
二、三、言葉を交わしたのち、「よくここにいらっしゃるのですか?」と尋ねると、ボランティアで手伝っているとのことだった。逆に私も同じ質問をされ、訪問の要旨を伝えると、視察でバイエルン広場周辺を歩くのなら、地元小学校の生徒たちが制作した追悼の碑も是非見てほしいと彼女は目を輝かせた。

その小学校では、高学年になると数人ずつの班に分かれ、グループごとにナチス・ドイツ時代にこの周辺に住んでいたユダヤ系ファミリーをひとつ選び、その家族がどのように暮らし、どのような運命を辿らなければならなかったかを調べて発表するという授業を行っている。学習後、子どもたちは、レンガブロックの側面に数か月間向かい合うことになったユダヤ人一家の名を書き入れ、校庭の一か所に積み上げている。この学校ではもう何年も前からこの取り組みを続けているので、今や立派な記念碑となり、無数の名前が書かれたその塚は、街路からでも柵越しに見ることができるという。

場所を尋ねると、この学校は、当初見学を予定していたシナゴーグの跡地に建てられたもので、教会跡の碑と校庭内に見える碑はちょうど隣同士といった具合だった。これは視察にちょうど良い。

教えてくれたことに感謝の意を述べると、「せっかくだから、その後はアインシュタインの住居跡も見てほしい」と、先ほど買ったマップに印を入れてくれ、「つまずきの石」もつい先日、近隣に設置する人があったと、その場所も同様に記してくれた。

「つまずきの石」とは、街路に嵌め込まれた、ナチス・ドイツ時代に迫害に遭った故人の名を刻んだ十センチ四方の金属板のことで、名前のほかに生年月日や職業、強制収容所への移送日や移送先、死亡日といった情報が真鍮の板に刻印されている。

これはドイツ人アーティスト、グンター・デムニッヒ氏が考案したもので、受注から製造、設置に至るまですべて氏が独自に行っており、政府や地方自治の取り組みではない。発注主は被害者の遺族であるから、自責の念から生まれた碑でもない。設置を許可しない都市もあるが、ベルリンでは近年、多く見られるようになった。

この石が街路に見られるようになったとき、私はこれを政府の取り組みだと勘違いし勝手に感動を覚えていたので、そうでないと知ったとき、一個人の生業だったのかと落胆するとともに、次第に怒りに似たやるせなさを覚えるようになった。遺族の発注ということは、親族もろとも殺された人や、もとから身寄りのなかった人はどうなるのだと思ったのだ。また、遺族がいて設置してやりたいと思っていても、その人が費用を捻出できない場合はどうなるのだ。そう思うと、死んだ後まで幸不幸や貧富の差を突きつけられているような気持ちに駆られたのだ。けれども一方で、発注する遺族の心中を思ったとき、強制収容所で虐殺された人々は遺骨が遺族のもとに戻らないという現実がある。それはすなわち、埋葬ができない、墓を作ることができないということだ。そのため、せめて「つまずきの石」にその名を刻み、かつて住んでいた地に置いてやりたいと、供養のひとつと捉えているのかと思えば、その思いは大いに理解できる。また、近年は第三者の発注も受け付けるようになり、市民団体が発注するケースも出てきている。そしてまた、「つまずきの石」を見た人が、歴史の一端に触れその事実と向き合うという、二次的な追悼碑の役割を果たしているとは言える。

ロスヴィータさんはさらに、広場横の地下鉄駅が改装され二階に歴史カフェがオープンしたと勧めてくれた。あの周辺に生きたユダヤ人の生活ぶりや、バイエルン街に好んで住んだユダヤ系著名人たちについて、映像や音声を使って効果的に紹介されているという。

それを受けて、「本当にこの辺りに住んでいた有名人は多いですね」と同調すると、ロスヴィータさんは、バイエルン広場周辺はユダヤ人建築家が都市開発を行った関係から、近隣のエリアに比べてユダヤ人人口が群を抜いて多く、とくに中産階級以上のユダヤ人が好んで住み、そのためバイエルン街は別名、「ユダヤ人のスイス」とも言われていたと教えてくれた。

それに驚きながら、「あらまあ。ここは日本人にとっては『日本人村』だったのですよ」と私が反応すると、今度は彼女が驚いて、当時の日本人社会の様子を話して聞かせると、彼女は興奮した様子で相槌を打った。

すっかり意気投合して、あれこれバイエルン街に関する話題で盛り上がるうちに、ロスヴィータさんは、今晩、終戦までベルリンで生き延びたユダヤ人女性を囲む集まりがあるから来ないかと私を誘った。今度は私が驚く番になった。

繰り返しになるが、かつてベルリンには十六万人以上のユダヤ人が住んでいたが、この町で終戦まで生き延びることができたのはわずか六千人ほどである。この確率だけでもすごいのに、それから七十年経ってもなお健在で、その上、実際にお目にかかることができるとは……！

翌日の視察の準備もあり、すぐに帰宅するつもりでいた。けれどもこのような機会は一度逃すともう二度と巡ってこないだろう。

一枚の地図をきっかけに偶然立ち寄ったこの場所で、それもロスヴィータさんとの出会いがなければ知る由もない情報である。エリス捜しをしていた際にもときおり体験したが、それが何か分からないが確実に何かにつながっているという予感、それに似たようなものを感じた。

なんとしても参加しようと意を決し、一旦その場を離れバイエルン街に出かけた。ロスヴィータさんに紹介してもらった小学校やアインシュタインの住居跡を実際に歩いて所要時間を確認し、歴史カフェにも立ち寄ってから、大急ぎでまた会場に戻った。

するとロスヴィータさんは、事前に私のことを当人に伝えてくれていて、直接挨拶を交わすことができ、後日改めて個人的に取材させてもらえることになった。さらに、集会が終わると話しかけてくれる人があり、もう一人生存者がいると聞かされた。イスラエルに在住しているが、ちょうど今、故郷であるベルリンに戻ってきているという。

こうして、ラヘル・マンさんと、ハンツ・シュマル氏の二人のユダヤ人生存者から、それぞれの歩んだ数奇な運命を聞くことになった。

# 第三章

# 宿命

80枚の追憶の碑。
ナチ時代の非道な法律を記憶に留める看板群のひとつ。
この裏面には「ユダヤ人の子との遊戯禁止（1938）」と。

## ラヘル・マンさんの場合——少女ラヘルの記憶

ラヘルが生まれたのは１９３７年。早産で生まれた未熟児だった。

それが、母親の健康状態によるものではなく、流産を試みた結果であったことを、生まれたばかりのラヘルは知る由もない。ラヘルは大人になって母親の友人からそれを聞かされたのだが、母とのギクシャクした関係を、ラヘルは幼いときから潜在的に感じ取っていた。

ラヘルの両親は共に、ニュルンベルク法でいうところの「完全ユダヤ人」で、よってラヘルも「完全ユダヤ人」である。

母親は、出産こそは病院で行えたものの、自身がユダヤ人であったため、生まれてきたラヘルが未熟児であったにもかかわらず、母子ともども、すぐさま病院を去らなければならなかった。

母親は、厳しい教育を受けて育った人で、学業を終えると家庭教師になったが、両親に強要され十七歳の若さで一度結婚している。ところが夫はアルコール依存症で、夫との間に男の子を授かるものの二歳のときに肺炎で亡くし、二十四歳で離婚した。その後、企業に就職したもののナチ時代に突入し職を追われ、サーカスの切符売りとして生計を立てていた1936年、ラヘルの父親と出会った。

しかし、母親が妊娠に気づいたときには、父親は母親の前から姿を消していた。父親もまたユダヤ人で、ポーランド出身であったため、1938年に起きた「ポーランド作戦」[*1]の手を逃れ、一人アメリカへ逃げたのだった。

未熟児ラヘルを腕に病院を出なければならなくなった母親は、ベルリン郊外に一軒だけユダヤ系の病院があると聞いてそこへ急ぎ、ラヘルを託して帰宅した。そして我が子を見舞うどころか二度と姿を現さなかった。

ラヘルは奇跡的に命を取り留め、半年間の治療の末、健康状態も良好となり、退院できる状態になった。けれども母親は引き取りに来ず、仕方がないので病院は、ベルリン市内在住のユダヤ人夫婦のもとにラヘルを里子に出すことにした。

ところが1941年、ユダヤ人であった里親がゲシュタポに連行されていった。

残ったラヘルは母親のもとに戻されることになった。ラヘルは四歳になっていた。

初めて血のつながった母子の生活が始まった。

しかし母親の望むところではなかったため、ラヘルは母親の愛情を受けることなく成長する。それは年の離れた赤の他人が同居しているようなものだったと後年ラヘルは回想する。

母親の住まいはシェーネベルク区、バイエルン街のシュタルンベルク通り2番地。中庭に面した小さな部屋だったが、最上階で日当たりは良かった。

この年、ユダヤ人は黄色い星のマークを上着に縫い付けなければならないという法令が発布された。数年前には、ユダヤ人男性は「イスラエル」、女性は「サラ」のセカンドネーム使用が義務付けられている。これは名前でユダヤ人を識別するための手段だったが、星のマークの掲示義務はその進化形であり、公共の場でさらし者になるような出来事だった。

ラヘルの母親も当然このマークを縫い付けていたが、六歳以上のユダヤ人がその対象であったことから、四歳のラヘルはこの義務から逃れることができた。これがラヘルを生き残る道に導いた、大きな要因のひとつとなる。

またラヘル母子のアパートの入り口にも、星のマークが貼られていた。

「このお星さまはなあに？」

母親と一緒に帰宅したとき、戸口の星を指して尋ねたラヘルに、母親は平手打ちで応えた。それがラヘルに対する感情の表れなのか、星の意味を語るのがあまりにも辛かったためか、真相は分からない。とにかくラヘルは委縮し、以来、二度と母親に質問をしなかった。ラヘル母子の住まいに突然見知らぬユダヤ人家族がやってきて同居することがあったが、ラヘルはそれが誰なのか母親に訊かなかったし、母親も説明しなかった。ラヘルは、自身がユダヤ人であることも知らなかった。

日中、母親が勤めに出ている間は、半地下に住むアパートの管理人ファーター夫人がラヘルの面倒を見ていた。

夫人は「肝っ玉母ちゃん」を絵に描いたような人で、彼女の大きなオッパイもふくよかなお腹も大好きだったし、狭く薄暗い彼女の住まいもラヘルはとても気に入っていた。けれども彼女の夫のファーター氏だけは苦手だった。熱心なナチ党員で、ナチスの自警団活動に従事し、管轄ブロックのユダヤ人居住者の動向に目を光らせ、ユダヤ人を庇護する者を摘発することを生きがいにしていた。

夫人が世話をしている少女がユダヤ人であることをファーター氏はもちろん知っていたが、いないがごとく振る舞うという無視の仕方でラヘルの出入りを容認した。終戦までの四年間、ファーター氏から話しかけられた記憶は一度もない。

ファーター夫妻の住まいにはよく通ったが、母親の留守の間、ずっとそこにいたわけではない。むしろ自宅で独りで過ごす時間のほうが長かった。母親は帰宅しても夜に出かけ、戻ってこないことも珍しくなかった。

ある日、母親はゲシュタポに連行され帰ってこなくなった。強制収容所へ送られたのだった。四歳になってから母親のもとに戻されたラヘルは、この母親の娘として登録されていなかったのだろうか。一緒に連行されずに済んだものの、部屋に独り取り残されることになった。

ほどなくして見知らぬ家族が入居してきた。夫婦と小さな子どもたち四人の六人家族で、ファーター夫人も気にかけてときおり様子を見には来るが、実質的には、ラヘルはこの夫婦に養われることになった。ラヘルは五歳になっていた。

そして1942年の暮れのこと。

ある朝、ゲシュタポがこの家族を連行しにやってきた。

制服姿の男が数人廊下に立ち、リストを手にした男が大声で四つの名前を読み上げた。

それはどれも夫婦の子どもたちの名前で、ラヘルの名は呼ばれなかった。にもかかわらずラヘルも子どもたちと一緒に廊下に並ばされ、男の一人がラヘルの肩を摑んだ。

ちょうどそのとき、ファーター夫人がものすごい形相で乗り込んできて、「これは私の姪っ子だよ。私のものだよ！」とベルリン訛りでまくしたて、ラヘルを男から奪い返した。

ラヘルの腕を摑み上げたファーター夫人は、転げるような勢いで階下まで下り、自宅に戻るのは危険と考えたのか、街路に面した一階に住む茶飲み友達のお婆さんの部屋のベルを鳴らし、お婆さんにラヘルを託して姿を消した。

ラヘルを招き入れたお婆さんは、「お腹が空いたかい？　ほうれん草は好きかい？」と訊き、ラヘルが頷くとキッチンへ消えた。

リビングルームに残ったラヘルは、しばらくすると外で声がしたので、カーテンの後ろに隠れながら窓越しに街路を覗いてみた。

目の前に緑色のトラックが一台停まっていて、近隣住民が遠巻きに様子を窺っている。さっき廊下にいた制服姿の男が、四人の子の母親の背中に銃を突きつけアパートの前に立っているのが見えた。夫と年長の子どもたちはすでにトラックに乗り込んでいたが、母親は末っ子である赤ん坊を腕に抱き、その場から動こうとしなかった。

窓が閉まっているので、何を言っているのかはっきりは聞き取れないが、男は母親に向かって盛んに叫んでいる。しかし母親は動かなかった。

すると男は母親から赤ちゃんを奪い取り、トラックに向かって叩きつけた。赤ちゃんは絶叫のような声を上げ、すぐにまた静かになった。男が動かなくなった赤ちゃんをトラックの中に放り入れると、母親もようやく乗り込み、トラックは走り去った。

一部始終を見ていた住民たちが誰も何もしなかったことが、五歳のラヘルには不思議でならなかった。ちょうどそのとき、空襲警報が鳴り響き、住民たちは三々五々散っていった。

ラヘルは急に気分が悪くなり、トイレに行く間もないまま、その場で嘔吐した。下からも排泄物が流れ出た。

キッチンから出てきたお婆さんは、慌ててラヘルの腕を摑んでバスルームに運び、バスタブに入れて乱暴な手つきで洗い始めた。空襲警報が鳴ったのに避難しようともせず、いつもはおしゃべり好きなお婆さんが一言も口を利かず、部屋を汚したラヘルを叱ることもなく、ただ寡黙に、力を込めてごしごしと、何かをこそぎ落とすかのように洗い続けた。

ラヘルはその後、何も受け付けられず、水だけで数日を過ごした。

ゲシュタポの捜索を恐れたファーター夫人は、ラヘルを匿ってくれる家族を探した。

それからは居場所が頻繁に変わり、最後に行き着いたのはキリスト教の牧師宅だった。ラヘルにとって、ここが一番心地よかった。牧師夫妻や教会の職員たちはみんな優しく、牧師館で週に一度開かれる、近隣の子どもたちの集まりにも参加することが許された。

ラヘルはこの日が待ち遠しくて仕方なかった。みんなで遊んだあと、牧師は子どもたちを集めてイエス・キリストの話をした。

イエスは、ラヘルの大きな支えになり、独りで過ごすときの話し相手になった。

ところがある日、牧師が反ナチ運動に関わった疑いで逮捕され、ラヘルは再びファーター夫人のところに戻された。１９４４年11月。ラヘルは七歳になっていた。

ファーター夫人は、これ以上、ラヘルを預ける先を見つけることができず、仕方がないのでアパートの地下に隠すことにした。

ベルリンではどこのアパートも地下室を防空壕として使っていた。そのため空襲警報が鳴ると住人はみな地下に下りてくるので、本来なら隠していてもすぐにばれてしまうだろう。ところがこのアパートには防空壕へは通じていないもうひとつの階段があり、狭く薄暗い空間であるため人の出入りもまったくなかった。管理人をしているファーター夫人だからこそ知っている場所ともいえた。

ファーター夫人は、階段を下りてすぐのところにある物置を隠れ場所に使うことにし、古ダンスと壁との隙間にラヘルの寝床を作ってくれた。

夫人は毎日一度、食べ物を運んできては、一冊の絵本を読み聞かせ、トイレ代わりのバケツを取り換え出ていった。ラヘルは暖房もない暗闇に独り、終戦までの五か月を過ごした。

ここには電灯はなく、上部の小さな明かり取りも板を打ち付けふさがれていた。それでも晴れた日には、板と板の隙間から一条の光が漏れ、ときおり風の加減か、一階のお婆さんの話し声が遠くに聞こえた。春には中庭に咲くジャスミンの香りが微《かす》かに漂ってきた。

ほんの数回だが、ファーター夫人以外にここを訪ねてきた人がいる。

上の階に住む、ヴォルフガングという名の若者だ。ラヘルのためにアルファベットを一列書き込んだノートを作ってくれて、文字を教えてくれた。

ラヘルは、晴れた日には板の隙間の明かりを頼りに絵本を眺め、それに飽きるとヴォルフガングが作ってくれたノートの文字を指でなぞり、アルファベットを書く練習をして過ごした。

このノートと絵本がラヘルの持ち物のすべてであり、空襲警報が鳴り響くと、この二冊を抱きしめた。

終戦の少し前、一度だけ外に出たことがある。

空襲は連日続いたが、この日はこの一帯が標的となり、絶え間なく轟音が鳴り響いては建物を揺さぶった。ついには焼夷弾が近くに落ち、ガスが地下にも流れ込んで充満した。誰かが駆け下りてくる音がして、息ができる場所まで引き上げられた。

ラヘルを救出したのはヴォルフガングだった。

ヴォルフガングの介護でなんとか息を吹き返したものの、長い間、暗闇に生活していたため、周りが眩しくて仕方なかった。

長い時間がかかって、ようやく目が慣れてきて辺りを見渡すと、屋外にいるはずなのに、懐かしいはずの景色はどこにも見当たらなかった。記憶にある家並みは廃墟と化していた。燃え盛る家屋もあり、路上には瓦礫の中から引っ張り出された遺体がいくつも並んでいた。

ヴォルフガングはラヘルの手を引き歩き始めた。

少女の血統に注意を向ける者などどこにもいない。

死体をまたがなければ進めない場所もあったが、恐怖は感じなかった。ラヘルにとって死は静寂だった。地下室から助け出された負傷者があちらこちらで呻き声を上げていた。その声のほうが恐ろしかった。

二人でしばらく町を彷徨《さまよ》い、ラヘルは再び地下室に戻された。

戦況が悪化し、食料の配給が滞ると、ファーター夫人の訪問は減り、いつしか姿を現さなくなった。

ラヘルはタンス裏の寝床に横たわったまま、徐々に衰弱していった。

1945年4月末。

荒々しい物音が響き、扉が壊され、男たちがなだれ込んできた。

ソ連兵だった。

驚く力もないまま見知らぬ男たちを見上げていると、一人が横たわったままのラヘルを抱き上げた。言葉は分からないが、兵士らは穏やかな口調で語りかけ、安心させようとしたのかそれぞれが軍服の懐《ふところ》から写真を取り出してはラヘルに見せた。それはどれも家族で写った写真だった。

抱きかかえられ上階へと運ばれると、そこには大勢の兵士がいた。住人は追い出されたらしく、もう誰もいなかった。

ラヘルは風呂に入れられ、食事を与えられ、しばらくの間、ソ連兵たちに養われた。

5月8日。ドイツの敗北をもって戦争が終わり、数週間後にソ連兵は撤退していった。

しばらくすると母親が強制収容所から解放され戻ってきた。ラヘル母子の戦後が始まった。

あれから七十年。

衰弱しきったラヘルの口に、ソ連兵が注いだ一さじのコンデンスミルクの甘さが強烈で、「今でもあの甘さをはっきりと思い出すことができるわ」と、ラヘルさんは言った。

## ハンツ・シュマル氏の場合——少年ハンツの記憶

ハンツが生まれたのは1935年。両親と弟との四人家族だ。

ハンツの母親は、ニュルンベルク法でいうところの「純血ドイツ人」、いわゆる「アーリア人種」であり、父親は「完全ユダヤ人」だ。

よってハンツは第一級混血、「二分の一ユダヤ人」ということになる。

「二分の一ユダヤ人」は通常、ドイツ人を親に持っている関係上、資産破棄や黄色い星を上着に縫い付ける義務から解放され、また強制収容所への移送が始まった当初も、その対象から外されるなど優遇されていた。ところが、ハンツは父の習慣に倣いユダヤ教徒として育ったため、「有効ユダヤ人／Geltungsjude《ゲルトゥンクスユーデ》」とみなされ、「完全ユダヤ人」と同等の扱いを受けることになった。

しかしそれよりも、ハンツの父親には共産党員として活動していた過去があり、それがゲシュタポに知られることのほうが一大事で、ハンツの両親は、発覚すれば即刻連行され拷問に遭うに違いないという恐怖に怯えながら暮らしていた。けれども子どもだったハンツは、両親の憂いも知らず、元気はつらつな腕白坊主として成長した。

一度だけ、いつものように近所の子どもたちと遊んでいたとき、そばを通りかかった老女がハンツに目を留め、「ユダヤ人の子とは遊んではいけないわ！」と注意したことがあった。ハンツにはその意味が分からず、子どもの一人が「くそババア～！」と応戦し、みんなで笑い声を上げながら走り去ったという一幕が、ハンツにとって唯一の「ユダヤ人迫害」の思い出だ。

善き隣人たちに囲まれて、苦い思いをすることもなく育つことができたハンツだが、子ども心に悲しいと感じた体験がひとつある。六歳の頃のことだ。それがホロコーストであったと知ったのは大人になってからだ。

ある日の夕刻、ハンツたち一家は祖父母の家に出かけていった。

「送別会」だと聞いていたが、別離というものを知らないハンツは、「会」を「お誕生日会」などと同じお祝いのことだと思い、歌ったり踊ったりするパーティーを想像して、どんなご馳走が出るだろうと楽しみについていった。

ところが、叔母夫婦もやってきて、みんな揃ったのというのに「会」が一向に始まらない。みんなでテーブルを囲み、少しだけなにかを飲み、あとは囁き合うか黙り込むばかりで、いつまで経ってもご馳走は出てこなかった。

そしてしばらくして「会」は終わり、みなが席を立った。

けれども玄関フロアまで出てきても、誰も帰ろうとせず、大人たちは苦渋に満ちた表情を浮かべ、別れを惜しんだ。ユダヤ人の夜間の外出は禁じられていたため、許されるぎりぎりの時間まで、大人たちはそうして過ごした。

ハンツは大人たちの表情を見上げ、「別れ」というものはこんなに悲しいものなのかと思った。現実に何が起きているのか分からないまま、このときの光景だけが、ハンツの心に焼き付けられた。

翌朝、祖父母は、ゲシュタポの用意したトラックで連れ去られた。

1942年8月15日。祖父母はグルーネヴァルト駅からリガの強制収容所へ移送され、わずか三日後に虐殺された。

祖父母は共に、ニュルンベルク法でいうところの「完全ユダヤ人」だった。

映画などで、ゲシュタポたちが銃を乱射しながら隠れるユダヤ人を捜し出したり惨殺していくシーンがあるが、あれはドイツ以外の国々、とくにポーランドやそれ以東の国々で起きたことで、ドイツ国内におけるユダヤ人の連行や移送は、組織的に実に簡便に行われていた。

ドイツでは1933年と39年の二度にわたって国勢調査が行われ、国内のユダヤ人はデータで管理されていた。

ある朝、突然ゲシュタポが乗り込んできて連行されたという証言があるのは、ナチ党がそれなりの罪状を見つけて（あるいはこじつけて）乗り込んできた場合だ。ゲットーのなかったドイツでは、ユダヤ人と識別されても基本的には市内の民間のアパートに居住していたわけだから、自国民の目もあり、「ポーランド作戦」や「水晶の夜」事件といった突発的な出来事を除いては、日常的には、機関銃を撃ち鳴らしながらユダヤ人を追い立てるということはなかった。

通常、移送対象となったユダヤ人たちは、事前に書簡で知らせを受け、そこには出発日や持ち物についての注意事項などが書かれており、それに沿って荷造りをし、また、家族・親戚と別れを惜しむ時間があった。表向きはユダヤ人専用の就労所や老人ホームに出向くと聞かされており、不安を感じながらも拒否という選択肢はなく、多くの者は素直に従ったのだ。

「送別会」に同席した叔母夫婦も共に「完全ユダヤ人」であり、祖父母が連れ去られた半年後、アウシュヴィッツへ送られ、殺された。

ベルリンに残っているハンツの家族は、祖父母や叔母夫婦の身に何が起きているのか知らないまま、それまで通りの日々を過ごした。

母親がドイツ人であるとはいえ、父親はユダヤ人であり、ハンツは「有効ユダヤ人」の烙印を押されているのだから、「他のドイツ人たちのように」というわけにはいかない。不穏な空気が取り巻いていたものの、常になんらかの幸運に守られていたと、後年、ハンツは回想する。

たとえば、両親が恐れていた共産党員だった父の逮捕の件について。

話は少し前後するが、実際に父親に逮捕状が出ていた。

しかし父親ではなく、祖父が警察署へ連行された。そして取り調べの結果、人違いということで釈放された。帰り際、祖父を引き立てていった警官が、「もし本人が逮捕されていたら、二度と戻ってこられなかったでしょう」と、祖父に耳打ちしたという。この警官は父親の知り合いで、誤認逮捕に仕立てて父親を守ってくれたのだった。

本来なら、このあとすぐに本人が逮捕されたに違いない。故意に打った芝居と分かれば、この警官の立場も危うかったことだろう。けれどもなぜか、この件はそれきり立ち消えになった。

また、戦時中、ユダヤ人への迫害が進み、ついにはユダヤ人への食料配給が打ち止めとなった。この頃、父親はレンガ職人として働いており、重労働のこの職業は本来なら通常よりも多くクーポンが受けられるはずだった。これに腹を立てた母親が、役所に乗り込むと、対応に当たった役人が書類を調べ、夫がユダヤ人であることが原因だと述べた。それを聞いた母親は激怒し、では離婚すればよいのか、それが解決策だというのか、学校で学んだ「ドイツ人の忠誠心」は何だったのかと訴えたところ、役人は母親の毅然とした態度に感服し、配給の継続を確約する証明書を発行してくれた。

またあるときは、空襲が頻繁になってきて、爆弾が建物に直撃し、地下室に避難していた住民が閉じ込められ死亡するケースが相次ぐようになり、避難口を確保するために隣家との間の壁に穴をあけるよう当局からのお達しがあった。

市民が一斉にそれに従おうとするので専門業者の予約はなかなか取れず、住人らが自らの手で行おうにも、ハンツたちの住むアパートと隣家の地下室は床の高さが大きく異なり、素人には歯が立たなかった。そこでレンガ職人であるハンツの父親には心得があるだろうと、住人たちから懇願され、その作業を引き受けることになった。けれども平日は仕事があり、重労働であるため帰宅後も働く体力がない。そこで唯一の休日である日曜日に取り掛かることにした。

父親がレンガブロックをひとつひとつ取り外し、ハンツがそれを中庭に持ち出す作業を手伝った。一日それに掛かりきりで時間切れとなり、続きは次週の日曜日に行うつもりにしていたが、日々の労働で疲れ果てた父親は予定していた日の前日に、続きは次の週末に延ばして明日はゆっくり休みたいと言った。

ところが母親が朝になって、空爆が直撃して家が燃える夢を見たから、なんとしても今日、取り掛かってほしいと言い出した。どんなになだめても言って聞かず、それで父親は仕方なく、無理を押して作業を行い、その日のうちに避難路を確保した。

果たして、週が明けた月曜日、すなわち避難路を作った翌日に、ベルリンを前代未聞の大空襲が襲った。ハンツたちのアパートも直撃をくらい出入り口が瓦礫でふさがった。しかし、ハンツの父が作った穴から隣家へと逃げ出すことができ、アパートの住人は全員助かった。

建物は全壊したが命拾いしたと、ハンツ父子は大いに感謝され、住人らはそれぞれゲシュタポから与えられた新居へと散っていった。

その後も何度も激しい空襲に遭いながら、家族全員なんとか無事に生き残り、終戦を迎えた。ソ連軍が町を占領し、ハンツたちが住んでいたアパートは没収され、ソ連軍の指令本部として使用されることになった。

住人はみな追い出されたが、父親は元共産党員であったことが評価され、警官として地域の治安を保つよう命じられ、新しい住居をあてがわれた。それはナチ党員の住まいだった。終戦とともに立場がまったく逆転したのだ。

父親はかつての住まいの管轄である警察署に配属になった。父親は結局出頭していないが、父親に出た逮捕状に対して祖父が連行されていったあの警察署である。

その建物は、倒壊こそはしなかったものの、度重なる空襲で壁の至るところにひびが入り、隙間風を防ぐためにゴミが詰め込まれている状態だった。

戦後しばらくしたある日、被災箇所を修繕することになり、署員らが手分けして壁の中に詰め込まれたゴミを掻き出していった。そのとき、一人の職員が、亀裂の奥底から一冊のファイルが出てきたと運んできた。表紙にはハンツの父の名が書かれ、中には、ハンツたち一家の詳細をまとめた調書が綴じ込まれていた。

誤認逮捕の後、ゲシュタポが父を逮捕しにこなかったこともそうだが、ユダヤ人一掃作戦が実施された日、ハンツや父親が連行されなかったのは、一家が書類上、ゲシュタポの前から完全に消滅していたからだ。これもあの父親をよく知る警官の計らいか、それともただの偶然だろうか。終戦と同時にそれまでの警官らはナチ党員とみなされ連行され、その後の消息も摑めず、事に真相は分からず仕舞いだ。

戦後、ベルリンは、戦勝国であるソ連、アメリカ、イギリス、フランスの統治下に置かれ、複雑な歴史を歩むことになり、ハンツの家族は数年後にイスラエルに移住した。

これは思想的な理由から両親が一方的に決めたことで、ベルリンを去りたくなかったハンツのホームシックは相当なものだった。何年にもわたって、土地の言葉を覚えることを拒み、相手の困惑もかえりみずドイツ語を話し続けた。

けれども少しずつ「観念」して、なんとか学業を終え、やがて家具職人となり、のちに五十六人の従業員を抱える工場の経営者となった。気がつくとイスラエルでの人生のほうがずっと長くなってしまった。傘寿を迎える年齢となり、八人の孫と一人の曽孫がある。

今回ベルリンに里帰りしたのは、祖父母と叔母夫婦を偲んで作らせた「つまずきの石」が完成したからだ。街路に嵌め込まれるところを見届け、あとは親族に会いに行ったり、懐かしい場所を見て回って過ごしたという。

「高齢となり、今回見たベルリンの景色が最後の思い出になるでしょうね」

ハンツ・シュマル氏はそう言って静かに微笑んだ。

ラヘルさんとシュマル氏が淡々と語った思い出話は、当時のユダヤ人の切迫した状況をまざまざと浮かび上がらせた。

多くのことが偶然によって左右されていた。

レジーナという一人のユダヤ人女性が日本大使館に救われるに至るまで、そこにも〝あり得ない〟出来事の積み重ねが秘められているのだろう。

二人を取材した数日後、賠償局から返事が届いた。

レジーナの申請記録の存在が確認できたと書かれていた。

※1――「ポーランド作戦」とは、1938年3月にポーランド政府が、五年以上外国に在住するポーランド人の国籍を剥奪すると公表したことに端を発したもの。同年10月30日以降は、検査済みの認印が付いたポーランド旅券以外は無効とされたため、大量のユダヤ系ポーランド人が無国籍のままドイツに残留することを嫌ったドイツ政府は、施行日直前の28・29日に突然、ドイツ在住ユダヤ系ポーランド人を自宅から連行し、特別列車で数か所のポーランド国境に移送した。その数は一万七千人と言われている。国境の対応は各所異なり、ポーランドへの入国を拒否したところもあり、国境地帯に取り残された人々は放浪の民となり餓死者も多数出た。この強行作戦が後述する「水晶の夜」事件を引き起こすきっかけとなったと言われている。

# 第四章

# 証言

日本国大使館。
ナチス・ドイツ時代の真っただ中に完成した。
第三帝国様式を呈したその外観は現在も変わらない。

## 綴じられた過去

レジーナの記録が確認されたという知らせの二週間後、指定の日時に賠償局に出向いた。

窓口で閲覧許可番号を伝えると閲覧室へ通され、しばらくすると職員が分厚いファイルを一冊載せた台車を押しながら入ってきた。

目の前に置かれたファイルの表紙が新しかったのが意外だったが、硬い紙製のそれをめくると、ボロボロになった表紙がもう一枚現れた。補強のために貼られたテープもろとも朽ち果てて、大きく書かれたレジーナの名も雨ざらしになっていたかのように消えかかっている。その厚紙の中には、数十枚におよぶ大小さまざまな紙が綴じ込まれていた。

触れるたびにポロポロと崩れ落ちる紙の端を注意深く持ち上げながら繰っていくと、それらは、数回にわたって行われた賠償請求とそのやりとりで、期待通り、申請理由として戦時中の体験を報告した文書も含まれていた。

息を潜めるようにして読み進めたが、残念ながらその中に日本大使館の名は見当たらなかった。期待していただけに落胆も大きかったが、新たな発見があり、また別の手がかりも見つかった。

たとえばレジーナが初めて賠償局へ提出した書類の「申告された迫害の種類」の項には、レジーナの強制労働の期間は「1940年～43年2月25日」と書かれていた。ユダヤ人一掃作戦が実行され、最後まで町に残り強制労働に就いていたユダヤ人たちが工場から一斉に連れ去られたのは1943年2月27日の朝のことだ。

レジーナが甥っ子シェヴァク氏に晩年に語った話によると、レジーナはシーメンス社の工場に勤めていたが、病気で数日前から休んでおり、当日再び出勤はしたものの、遅刻しその場に居合わせなかったことからこの難を逃れたとのことだった。その病欠は、連行の二日前に始まっていたことになる。

レジーナは工場で鉄板の打ち抜き作業に従事しており、重労働で過労から体重も減少したと書かれた個所も見受けられた。

また、レジーナの潜伏先として、ベルリン市カールスホルスト区のジルシュおよび、北東55区のトイバーの二つの家族の名が挙げられていた。居場所が発覚しないよう二週間おきに両者を交互に行き来したと書かれている。

## 顔のないヒトラーたち

それにしても不思議なのは、これを証言したのは、レジーナ同様、生き残ったユダヤ人たちで、レジーナを助けた当のドイツ人たちが名乗り出た形跡はなかったことだ。

また奇妙なことに、ゲシュタポの手を逃れて終戦まで生き延びた期間が「不法滞在」や「違法」という言葉で表現されていた。見るとファイル全体にこれらの単語が氾濫している。現代の私たちの目から見れば、レジーナがなんとか生き延びたからこそ、ドイツ国家はせめてひとつの命に対して殺人者にならずに済んだのだ。しかしここでは生きていたこと自体が「違法」だという。賠償局という役所は、「不法に生き延びたユダヤ人」という「罪人」に対して当座の生活費を給付する場になってしまっている。

レジーナが初めて賠償局に出向いたのは1951年4月だ。

ドイツでは1945年5月に終戦を迎えると、即座に「非ナチ化」の動きが始まった。日常生活においては、ナチ党員たちは、自身がナチスに加担しなかったことを書面で証明しなければならなくなった。それは、被害者であるユダヤ人や、反ナチ運動家の書いた一筆でなければならなかった。その書状は、自身の身の潔白を証明する書面ということで、当時主流だった洗濯洗剤〝Persil／ペルジル〟の名を取って、〝Persilschein／ペルジル・シャイン（ペルジル票）〟と呼ばれていた。

「ペルジル票」が提出できない者は、過酷な強制労働に駆り出された。それから逃れたいなら身の潔白を証明するしかない。ユダヤ人の命を救った、ユダヤ人を匿った、ユダヤ人に食べ物を分け与えた……わずかに生き残ったユダヤ人と反ナチ運動家と思われる人物に市民が群がり、媚びへつらい、なんとか一筆もらえないかと懇願したという。

戦時中ベルリンに在住した女性新聞コラムニスト、ルート・アンドレアス＝フリードリヒは反ナチ活動に尽力したことでも知られているが、当時の日記に次のように記している。

**五月十七日　木曜**

最初の食糧配給券が配られた。正しい切り取り線の入った正真正銘の配給券である。パン、肉、ラード、紅茶などがその上に記されている。塩、主食、ジャガイモ、コーヒーなどが。私たちは何か贈り物を授けられたような気になる。《こんなもので何か買えるの？》とハイケが疑わしげにたずねる。《買いに行ってみろよ》とフランクが言う。ハイケは買い物袋に手を伸ばす。

彼女が出かけるやいなや、ドアがノックされる。私たちのかつての防空隊長だ。《お願いがあって来たのですが……》と彼は口ごもりながら言う。《もしや私に……》とまたもや彼は口ごもって、私の顔を哀願するように見る。《あなたがナチでなかったことを証明するのでしょう？》と私は助け舟を入れる。彼は困惑したようにうなづく。《書類を持っています。証明していただければ……》ポケットをほじくり回す。こんな証明書作りは私にとっては珍しくもない。毎日、同様のことを経験する。何ダースという人々が毎日、ナチでなかったことを証明してくれと言ってやって来る。誰もが口実を使いたがる。誰もが、突然、自分はいつかある時、どこかで一度、少なくとも二キロのパンか、十ポンドのジャガイモを、一人のユダヤ人にやったことがある、と言い張る。誰もが外国の放送に耳を傾けていた、と言い張る。誰もが迫害された者を助けた、と言い張る。《生命の危険を冒して》と、これら後ればせの慈善家の多くは、誇り高く、つつましやかに付け加えるのが常だ。全ナチ党は反政府主義者から成り立っているかのようだ。驚くべき英雄的行為が明るみに出される。誰かは、すぐ脇にブロックの隊長がいたのに、道路上で公然と混血児と話しを交わした、……Y氏のことを知っていたのに、彼を密告しなかった……いつも反対意見で、ナチの勝利をもうとっくに信じていなかった――彼らの不安が大きければ大きいほど、言い訳は馬鹿げていた。無罪だった人々も、自分が無罪だったことの証明を求めた――《X氏は私とは何年も前からの知友です……》などの文面。この人物証明は運命を定めるものだった。元ナチ党員で人物証明のできない者は、強制労働に連れて行かれた、ベルリン苦力《クーリー》シャベル部隊。彼らは毎朝、一列に並んだ。毎朝七時きっかりに。彼らはかつての労働局の前に並んで、呼び出しを待っていた。瓦礫の片ずけに十五人、死体発掘に八人、道路掃除と、ドブ掃除と、道路工事の石割に三十人。石を割り、死体を発掘し、ドブを掃除するのだった。あてがわれるパンは固いパンだった。

私たちは証明書を書き、人物証明を作成した。力になってやれる時に、あまり復讐心に燃えているわけにはいかない。十二年間、私たちはじっくり観察してきたのだった。（後略）
（『舞台・ベルリン　あるドイツ日記　1945／48』（ルート・アンドレーアス＝フリードリヒ著、飯吉光夫訳／朝日イブニングニュース社／1986／四一―四二頁）

戦後こういった状況があったことに加え、ナチ党に加入していた公務員は全員解雇処分されているはずだ。にもかかわらずレジーナたち生き残ったユダヤ人はなぜこのような卑劣な扱いを受けなければならないのか。

調べてみると、1950年末に、西ドイツ連邦初代首相アデナウアーが「非ナチ化終了宣言」を公表し、翌年、早速、非ナチ化終了に向けて動き出し、5月11日公布・7月1日施行の「非ナチ化終了法」をもって非ナチ化は終了していた。

かつてのナチ党員たちは、非ナチ化にあたって、第一級「主犯者」、第二級「共犯者（ほう助・加担）」、第三級「軽犯罪者」、第四級「同調者」、第五級「免罪者」の五段階に級分けされていたが、第一級、第二級以外の者は、非ナチ化終了をもって公職復帰が許された。

レジーナが賠償局に初めて出向いたのは1951年4月であるから、ちょうど移り変わりの時期とはいえ、ドイツ社会が早々にナチ時代に逆戻りしてしまったことに驚かされる。

隠匿する元アウシュヴィッツ幹部らを探し出しドイツ人自身が法廷で裁いた1963年のフランクフルト・アウシュヴィッツ裁判の開廷までを描いた映画『顔のないヒトラーたち』(2014)に、生々しく描写されていた人の心の醜さや当時の風潮を、書類上に見る思いがした。

これでは日本大使館に救ってもらったなどとは、とても口にはできなかっただろう。

ここはドイツの役所であり、賠償金を受け取るのが目的だ。日本人に助けられたと告げることは、同盟国であった日本に犯罪者がいたと告発するようなものだ。また、日本人に不法に助けられたのなら、残りの人生も日本人に養ってもらえと言われるのが関の山だろう。

大使館の名を申請書類の中に見つけることはできなかったものの、レジーナが大使館に雇われていた可能性を二か所に見出すことができた。

ひとつは、賠償請求の資料の中に、略歴が記された個所があり、次のように書かれていた。

1933—35年:売り子
1936—38年:自営
1938—39年:無職
1940—43年:強制労働

1943年2月26日―1945年5月8日：不法

1938年の何月であったのかは分からないが、それまで持っていた店舗を押収されてから強制労働に就くまでに、二年弱の空白があったということだ。

一般的にナチスの手口は、店舗を押収する際、微々たる金銭を支払い買い取った格好にし、合法に見せかけると言われているが、レジーナの場合、押収ではなく、強制的に閉店させられたと書かれている。

ユダヤ人排斥の先ぶれはナチスが政権を握るより前、1920年代にはすでに始まり、1933年ヒトラー内閣が成立するやナチス突撃隊によるユダヤ人経営者の暴行事件が起き、また、全国組織での不買運動なども行われ、徐々にユダヤ人迫害が加速し、ユダヤ人絶滅という最終章に向かう分岐点ともいえる「水晶の夜」事件が起きる。

これは1938年11月9日深夜に起きた反ユダヤ主義暴動事件で、町じゅうのシナゴーグやユダヤ系施設が焼き打ちされ、ユダヤ人商店のショーウィンドウがことごとく割られ、商品が略奪された。砕けたガラス片が歩道に散らばりキラキラと反射していたことからこの名が付いた。

この事態に反感を持つ市民も少なくなかったが、ナチスは、ユダヤ人店舗の開店禁止、ユダヤ人の手工業への従事禁止、ユダヤ人の文化施設への入場禁止、公立校への通学禁止、出版社の廃業、運転免許証剥奪……と立て続けに新たな法令を発布しユダヤ人を締め上げていく。

そのような状況の中で自身の店を閉店させられ失業に追い込まれたのだから生活も困窮したことだろう。大使館に雇ってもらったのはこの期間なのかもしれない。

その一方、当初考えていたように１９４３年２月27日の「工場作戦」以降に日本大使館に助けを求め、終戦を迎えたという可能性をまったく否定できない記述も見られた。

ある賠償申請の文書の中に、潜伏生活から解放された日のことを、レジーナは〈１９４５年５月７日、グライフスヴァルダー通りのトイバー家に潜んでいたところソ連兵が現れた〉と書いて出し、この申請は却下されている。その理由が〈この住所一帯は、４月26日にはすでにソ連軍が占領していた〉と書き添えられていた。大使館に潜伏していたことを伏せておこうと取り繕ったところが、ボロが出てしまったということだろうか。

レジーナが大使館に救われたのは１９３８年からの失業期間中のことだったのか、それとも１９４３年以降のことだったのか、その答えは当事者らのみぞ知る。今となっては、真相はやはり藪の中だ。

### 新たな証言

賠償局の資料の中に大使館について言及した個所を見つけることができず、この先どうしたものかと思案に暮れていたところに、思わぬ朗報が飛び込んだ。

拙著『それからのエリス　いま明らかになる鷗外「舞姫」の面影』の編集者、横山建城氏から、佐藤優著『私が最も尊敬する外交官――ナチス・ドイツの崩壊を目撃した吉野文六』（講談社／2014）が刊行されたことを知らされたのだ。

吉野文六氏は当時、若き外交官補としてベルリンの日本大使館に赴任し、大使館籠城組の一員としてベルリンで終戦を迎えた人物である。本書には吉野氏へのインタビューが収録されており、なんとそこには、この数か月ずっと探し求めていた終戦間際の大使館の様子が、鮮やかなまでに解き明かされていた。

実は大使館にはドイツ人の女性タイピストが二人いる。二人ともユダヤ系だ。日本大使館は、あえてユダヤ系ドイツ人を雇用していた。親日だが反ナチスというドイツの知識人は多かった。そのような人々の依頼に応じて、日本大使館は、あえてユダヤ系ドイツ人を庇護したのだ。

（『私が最も尊敬する外交官』／二〇頁）

この部分は吉野氏から聞いた話を佐藤氏が要約したものだが、後方にインタビューを書き出したページがあり、ソ連兵が大使館に乗り込んできたとき、若い女性現地職員二人を地下壕のマンホールに隠していたという。その経緯が次のように続いている。

**吉野**　二十歳くらいだったと思う。ドイツ人のタイピストで、しかも二人とも八分の一くらいはユダヤ人なんですよ。当時は八分の一のユダヤの血が入っていたら、ユダヤ人としてナチスに引っ張られるかもしれないという境目です。ところが、一年くらい前に大使館に出入りしていたあるドイツ人から、彼女たちは有能だから雇ってくれといってきたのです。

――日本大使館に雇われていると安全なわけですよね。

**吉野**　そうです。日本大使館に雇われていたら安全だということを、向こうも承知のうえで連れてきたんでしょうね。当時のナチス・ドイツは「日本大使館がやることに対しては、我々は何も文句は言わん」という立場だったから。雇用を頼んできたドイツ人のような人は、公言しないにしても、根は反ナチ、反ヒトラーの感情をもっていました。（二四五頁）

この女性職員二人とは、当時同じく外交官であった藤山楢一が前掲書『一青年外交官の太平洋戦争』で名前を挙げている、「ランゲ嬢」と「チジンスキー嬢」のことだ。

チジンスキー嬢については、「現在もボンの日本大使の秘書をしているはず」と藤山は書かれていた。

前回は調べる方法が見出せないまま諦めていたが、佐藤氏著作に触発され、ちょうど公的行事に出席する機会が重なったこともあり、社会的地位のある人物に相談してみた。すると、かつてボンの日本大使館や周辺都市の公的機関での在任経験のある方が、意外に多くベルリンに赴任しているのが分かり、チジンスキー嬢のことを覚えている人物も数名見つかった。

スペルは「Zyczynski」と書くとのことで、厳密な発音は「ツィツィンスキー」となる。

なんと吉野文六氏はボン時代に日本国大使を務めておられ、藤山の書いた、「ボンの日本大使の秘書をしているはず」のチジンスキー嬢は、吉野大使の秘書をしていたのだった。

終戦時に二十歳であれば現在九十歳くらいだ。存命であることを祈っていたが、残念なことに、彼女は数年前に亡くなっていた。定年まで歴代大使の秘書を務めたそうだ。

大使秘書として務めている頃のチジンスキーさんと実際に接したことのある人物は、厳しい面も持ち合わせているが、責任感があり信頼できる人だったと回想した。

終戦まで残留していた邦人たちが日本へと強制送還されてから日独の国交は断絶し、回復したのは1952年。ドイツは東西に分裂しており、西ドイツの首都はボンに置かれていたため、日本国大使館の所在地もそれに倣った。

吉野氏がボンに着任したのは70年代であったから、チジンスキー嬢の着任がそれよりも早い時期であるなら、彼女をボンに呼び寄せたのは他の人物だったのかもしれない。いつ、また、どういう経緯で彼女がボンに来ることになったのかについては、誰もが分からないと答えた。

このやり取りの中で、現地職員に関しては通常、外務省への報告に名前を挙げることはないと知った。現地で雇用される者の情報は各館で管理することになっており、ボンの大使館が閉館となった今、チジンスキー嬢のことが書かれた資料はどこにも残っていないだろうとのことだった。

レジーナについても同様で、ドイツの敗戦直前、大島大使ら一行がバート・ガスタインに疎開したにもかかわらず、館員数名が大使館に残った理由のひとつは、大使館が所有していた機密文書や通信機を処分することにあり、レジーナに関する資料も、当時のチジンスキー嬢のそれも、機密文書と共に焼却されているはずとのことだった。


チジンスキー嬢がユダヤ人であったと知っていたかを尋ねると、知らなかった答えた人と、噂に聞いて知っていたと答えた人に二分されたが、本人から直接的に聞いた者はいなかった。

やはり戦後何年経っても、この話題は伏せられていたようだ。

吉野氏にも取材を申し込んでいたが、体調が優れないとのことで叶わず、ほどなくして訃報が伝えられた。享年九十六。知的で温和で大変素晴らしい人格の持ち主だったと、知る人は口を揃えて絶賛した。「遅すぎた訪問者」となってしまった自身が悔やまれてならない。

## 誌面の証言

これらの内容を、終戦七十年の節目の年でもある２０１５年春、週刊誌「サンデー毎日」に寄稿した。

それがきっかけで数学史研究者の木村洋氏から新たな情報が舞い込んだ。ベルリンにあった陸軍事務所や海軍事務所でも救済のためにユダヤ人を雇い入れていたとのことだった。

典拠を乞うと、一冊は高嶋泰二著『伯林日誌』（求龍堂／１９９４）とのことで、確認したところ、１９３９年11月22日条に次の一文が見られた。

かねて頼んでいたドイツ語の個人教授が見付かった。陸軍事務所でひそかに雇っているユダヤ人で元新聞記者のソハチェバーという老人だ。（一〇九頁）

もう一冊は津山重美著『古稀の屑籠』（日本海事新聞社／１９８４）で、アメリカとの平和交渉に臨むべく藤村義朗海軍中佐と共にスイスに渡った際に、ユダヤ人女性ロッテ・クラマー嬢を亡命させたことや、ベルリンの日本海軍武官事務所がこの女性を守るためにこれまで雇っていたことなどが書かれている。

一九四五年三月ナチス独乙滅亡の前、F中佐と私はアメリカのピース・フィーラーに接触するよう在独海軍武官の命を受け、断末魔のベルリンを脱出するようになった時、彼は女性一人をスイスに同行すると私に告げた。私は異様に感じた事勿論である。当時ドイツはすでに混乱の極に達し、外交官資格の者でさえ国外旅行は困難で、ヴィザの入手もやっとの事であった。まして民間の娘がどうしてスイスに入れるのかといぶかって訊ねると、F氏は初めて彼女の事情を明かしてくれた。実は彼女はユダヤの豪商の一人娘で、四分の一のユダヤの血が混じっているが、ナチス狩りから彼女を守り、日本海軍武官事務所のタイピストとして登録してあるので、当時日独防協定の連邦であるナチスは手が出せないのだという。彼女の両親は第三帝国の命運つきる日を近くに感じ、凶暴なソ連軍侵入の前に、愛嬢を守るため安全な中立国に避難させたいと折り入ってF中佐に頼み込んだというわけである。（一〇四―一〇五頁）

クラマー嬢の命がけの亡命劇の詳細については別項に改めたい（九九―一〇三頁参照）。

日本大使館がユダヤ人を救ったと初めて聞いたときは大変驚き、にわかに信じられない気さえしていたが、こうして調べると、当時の邦人たちの間では特別なことではなく、たとえ同盟国という立場にあっても、一人の人間として、目の前の命が消えないよう救いの手を差し伸べていたのだ。

杉原千畝氏がユダヤ人たちに何千もの通過ビザを発給したのち、リトアニアからベルリンに退去してきたのは1940年9月5日のことだ。

到着するや来栖三郎大使に指示を仰ぎに行った。杉原の妻幸子は回想録『六千人の命のビザ』（杉原幸子著／大正出版／1994）に、「夫が外務省の命令に逆らってビザを発給したことについては、何も言われなかったそうです」と書いている。本省の訓令を無視した行為に対してどのような沙汰があるか、不安で仕方なかったのだろう。

杉原のビザ発給を、来栖大使は知っていたはずだが（詳細は後述）、あえて何も言わなかったということだろうか。

津山は後述する「終戦前夜秘話」に、「来栖大使としては、奥さんがアメリカ人でしたし、アメリカの実力をよくご存じだったので、アメリカを度外視しては日本の外交は成り立たない、ドイツ・イタリアと枢軸を組んでも、のめり込んではいけないというお考えでした」と記している。

このようなスタンスを持つ大使であったなら、杉原の行為に理解を示していただろうか。そして「日本国大使」としては、どういう態度を取ったのだろう。

# 第五章

# 気魄

独逸月報。
1930年代にベルリン在留邦人向けに刊行された月刊誌。
バイエルン地区は「日本人村」とも呼ばれていた。

## 古賀守の場合

日本国大使館に助けられたレジーナの軌跡を追う中で発見した、ユダヤ人を救った邦人たちの記録をここに列記しておきたい。

先に触れたドイツワインの専門家古賀守氏は、実に豪快な方法で十二人ものユダヤ人を救っている。私がこれを知ったのは2007年のこと。1998年に行われた氏の講演を書き起こした一冊、『1945年ベルリン最後の日』（日本ドイツワイン協会連合会編／2000）を通してだ。この機会に問い合わせてみると、氏は2003年に他界されたとのことだったが、子息・古賀トミオ氏および、古賀氏と長年のつきあいのあった元メルク・ジャパン社常任監査役、木下勝実氏の両氏からお話をお伺いすることができた。

古賀守は1938年にドイツに留学し、1943年秋に当初滞在していた町ハイデルベルクからベルリンへ移動してきた。ベルリンではちょうど空襲が始まった頃で、味噌や醤油の入手も極めて困難となり、そのことを悩みの種にする在留邦人が多くいた。

実家が醤油醸造元で心得のあった古賀は、満州農産物公社から大量の大豆を調達してきて味噌や醤油を造って邦人らに配ったところ大変重宝され、いつしか邦人らの食料係を担うようになり、大使館のトラックを使って農家に買い付けに出かけるようにもなったという。

この頃、古賀には思いを寄せる女性がいたが、彼女はユダヤ人で、迫害がいよいよ激しくなった頃、古賀はついに彼女を亡命させることを決意する。

ある日、牛を買いに行くと言って大使館から幌付きのトラックを借り、夜を待って彼女を迎えに行った。すると噂を聞きつけた親戚などが集まり十二人ほどにも膨れ上がっていた。

ゲシュタポに見つかると自身の身も危険であるし、大使館にも迷惑が掛かる。

大いに迷ったが、断ることは見殺しにすることになるので、結局は全員を乗せてスイスへ向かい、ユダヤ救済協会のあるバーゼルまで送り届けた。

トラックは日本の旗をなびかせた外交用であったから、国境で荷台を調べられることもなかったという。大使館に牛を買ってくると言った手前、調達に走ったが、どこの農場でも手に入らず、代わりに豚を三頭買ってベルリンに引き返し、邦人に配給したのだそうだ。

1944年の暮れのことで、年が明けると戦況はいよいよ悪化し、古賀はベルリンの南西七十五キロメートルのところにあるマールスドルフ城に用意された邦人の集団疎開に加わった。終戦とともにソ連軍に連行され、そのまま日本へ送還され、二度と彼女と会うことはなかった。

ところが1967年、仕事で来日した彼女の娘ヴィルマが古賀を探し当てて訪ねてきたことで、二十年ぶりに消息が分かった。彼女は数年、古賀が戻ってくるのを待っていたが音沙汰もなかったため、諦めて家族を頼ってブラジルに移住し、のちに結婚したとのことだった。

トミオ氏の紹介で、ヴィルマさんと電話で話すことができた。

彼女は亡命の日のことを古賀からも母親からも聞いている。古賀は「大勢来て困った」と笑っていたそうだが、母親の話はずいぶん違い、古賀は慌てふためき、顔を真っ赤にして泣きそうになりながら絶対無理だと訴え続けたという。それでも結局は全員をトラックの荷台に座らせ、パンと水とバケツを渡し、絶対に騒ぐな、勝手に降りるなと強く言い聞かせて出発したのだそうだ。発覚すれば自身の身が危なくなるのだから当然のことだろう。母親の証言は実にリアルだ。助ける側も命がけの亡命劇だった。

## 近衛秀麿の場合

華族であり政治家の近衛篤麿を父に持ち、文麿を兄に持つ近衛秀麿は、指揮者として音楽界で活躍し、今日のNHK交響楽団の基礎を築き、日本のオーケストラのパイオニアと言われている。

秀麿は1920年代以降、頻繁にヨーロッパに渡り、作曲理論と指揮法を修め、ベルリンを拠点に音楽活動を行った。

戦時中もヨーロッパ各地を転々としていたが、1945年4月、いよいよ戦況が悪くなると、米軍に捕まってアメリカに渡ろうと決意しベルリンを出発。ライプツィッヒで自ら進んで米軍の捕虜となり、二か月ほどの抑留生活の後、アメリカに移送され、大島大使らと合流し、日本の終戦をアメリカで知り、その後、日本へ送還された。

秀麿は、それまで新聞・雑誌に寄稿していたエッセイをまとめ、自身の半生を振り返った随想集として『風雪夜話』（講談社／1967）を出版した。

その中に、終戦直前に米軍の捕虜となり過ごした数か月の間、獄中で書き留めたメモをそのまま採録した「幽囚日誌」が収録されているが、初版発売の十か月後に同タイトル新装版が刊行され、そこには「敗戦秘話」が加わっており、その中でユダヤ人救出について触れている。

（前略）嘗てロシア革命後に相当数の政治亡命者が避難民として日本国内に居を構えた時のように、その十数年後には優秀な芸術家、特に音楽家達がナチ（国家社会党《ナチオナレ・ゾチアリステン》）の凶暴を避けて、国外に第二故郷を求め、元ベルリン国立音楽院ピアノ科の主席教授レオニード・クロイツァー教授のように日本に定住した世界的な大音楽家さえ出た程であった。僕を頼って日本に来朝した知名なユダヤ系ドイツ人音楽家は四家族を下らない。

ヒットラーが所謂電撃作戦で隣国ポーランドを席捲して、第二次世界大戦の幕が切って落とされてから暫時はユダヤ人は無事であった。当時取残された滞日中のクロイツァー教授の夫人（旧ロシア大公夫人で婚姻によって戸籍上ユダヤ人としての扱いを受けていた）には東京よりの送金が技術上不可能となったので、僕との話合によって、毎月の生活相当の金額を僕のドイツ内での演奏収入の中から手渡しすることにして居た。しかし丁度その頃から新しい国策に従って、ユダヤ人取締りの方針は益々厳重になって来、ドイツ国内の全ユダヤ人は、戸口に黄色のユダヤの星のマークの描かれた特定のアパートの中に収容されることになり、外部の一般人との交際は監視されるようになった。この状況の中で、非ユダヤ人の僕が毎月この種の建物の中に老婦人を訪問しようというのだったから、問題が起きなかったとしたら反って不思議な位のものであった。

丁度何回目かの時、この家の階段の下に私服の乗馬服の男が立っていて、無礼なゼスチャアで僕にそのまま引返せという合図をする。僕が尚、通ろうとすると、

「誰もこの家には用はない筈だ」彼は手にした鞭を振って僕を通さない。そして遂には僕を路上に突き出した。僕は折角ここまで来たのだから、近所からこの家に電話をした。勿論盗聴されていること位は承知の上で。

「洵に冷酷極まる運命です。しかしこの家の附近を歩かれることだけでも貴君には必ず御迷

惑がかかります。貴君に来て頂いた、その御好意だけで充分です。感謝します。お大事に」

これは、この境遇の人間の言葉として最高に立派だ。僕の性分としてこのまま逃げて家に帰る訳にはいかない。僕は踵を返して再びこの家に足を踏み入れた。その瞬間、雷の様な大音響で、先程の男。

「お前はまだうろついて居るのか。すぐ退去しないと……」

「俺には恩師の夫人にこの封筒を届ける神聖な義務がある」云い終らぬ前に、階段の陰から現われたもう一人の男の手と手錠でつながれていた。

家の前には早くも護送用の乗用車が一台待機している。この手廻しには感嘆したが、僕は徐々車の上で、どうするかを色々と考えた。隣の席には殴打されて顔面一ぱい張れ上ったユダヤ人の少年が一人。車の行先が気になるが誰も一言も発しない。車はやがて旧ベルリン下町のアレキザンダー広場に面した警視庁の市警留置所の前に停った。(後略)(二六四—二六六頁)

秀麿はベルリン市警の音楽隊で指揮や合唱の指導に当たっていた関係上、内部の人間を知っており、大の音楽ファンでもあった宣伝相ゲッベルスの秘書に事情を訴えた書簡を送ることに成功し、それが功を奏し、二十四時間後には釈放された。

この出来事が瞬く間にドイツ国内のユダヤ人仲間に知れ渡り、学生時代から交遊のあったアメリカ大使館で顧問弁護士を務めるユダヤ系ドイツ人ハインリッヒ・リープレヒトから、ユダヤ人の海外出国の援助に協力してほしいと相談を受けるようになったという。

僕は他のことはいざ知らず、事ユダヤ人に関する限りはナチス・ドイツ政府のなすことは絶対に協調出来ない。そこで純然たる人道上の問題として、力の及ぶ限りユダヤ人の国外脱出を援助すべきことを決意したのであった。

僕が職務上国外旅行の比較的自由であった立場を利用して、1940年以後スイス、オランダ等の越境の危険を犯しながら出国に成功したユダヤ人の数は十家族を超えた。（二六七頁）

秀麿はハインリッヒ・リープレヒトに関して、「勇敢にも最後のユダヤ人を送り出す迄ドイツに踏み止まって居たが自身は逃げ遅れて、一時テレージエンシュタットのキャンプに収監された。僕はしかし米軍の侵入と共に救出に成功、然も彼はドイツ国籍を放棄せず、戦後はドイツ総領事としてバンクーバーやサンフランシスコに駐在していた」と書き添えている。

リープレヒトに関して、ナチスやホロコーストに関する資料を管理する機関、インターナショナル・トレーシング・サービスに問い合わせたところ、次の回答があった。

ドクター・ハインリッヒ・リープレヒト、1897年9月12日ベルリン生まれ。
1938年11月　ザクセンハウゼン強制収容所釈放（到着日不記載）。
1938年11月11日　ダッハウ強制収容所到着。
1939年2月6日　ダッハウ強制収容所釈放。
1942年9月14日　ベルリンからテレージエンシュタット強制収容所に移送。
1944年10月16日　テレージエンシュタットからアウシュヴィッツ強制収容所へ移送。
1944年10月19日　アウシュヴィッツからグロース・ローゼン・フライランド強制収容所へ転送。
解放後：プラハ養蜂農場、テレージエンシュタットDP収容所（ホロコースト生存者避難施設）
1945年7月24日　ベルリンDP収容所
1945年8月13日　デッゲンドルフDP収容所
1946年8月22日　アメリカに移住。

リープレヒトはヨーロッパ各地の強制収容所への移送と釈放を繰り返しながら生き延びている。アメリカ大使館の顧問弁護士だったことが虐殺から彼を守ったのだろうか。

リープレヒトは、晩年にナチス・ドイツ時代を振り返り “Nicht mitzuhassen, mitzulieben bin ich da.（「共憎ではなく共愛のために我はあり」の意）” （ヘルダー出版／1990）を上梓した。そこには秀麿が書いたように、自由の身であったときに同朋の亡命に協力した様子も綴られ、秀麿の名も随所に登場する。

初出は、百九十一ページにわたる書籍の二十八ページ目と比較的早く、新妻エリザベスがハンブルクの実家からベルリンのリープレヒトのもとにやってきたことを伝える個所だ。

リープレヒトとエリザベスは1941年8月23日に結婚した。ユダヤ人に対する迫害も本格化し、ハンブルクでの体験がエリザベスの心に重くのしかかり、生きる力を失くしている様子がリープレヒトに結婚の決心をさせた。

このときすでに強制収容所を経験しているリープレヒトは、自分たちに課せられている運命がどういったものかは重々承知していただろう。いつまたゲシュタポの迎えが来るかもわからない、そういった時代のことであったから、エリザベスと一緒になれたことを幸せに感じ、「何にもまして、我々の友人であり、擁護者の Hidemaro Konoye との関係が続いているのも幸せだ」と続けている。

しかしエリザベスは、初めての結婚記念日を迎えることなく自殺してしまう。1942年8月6日に妻を亡くし、翌月にはまたテレージエンシュタットへと移送されてしまうのはなんとも不思議な具合だ。

さて、リープレヒトは秀麿との関係や彼の人柄について、日本語に訳すと次のように書き記している。

> フォン・ギールケ嬢や、ハルナックス、フォン・ベルンシュトルフ伯爵たちといった集まりのほかに、ゾルム伯爵夫人という人物がいる。僕の友人パウル・パーゲルがやっている、ナチスに対する反乱や反抗と見ればどこにでも首を突っ込みたがる「フリージン」ともまた違う。この集まりに、日本人指揮者であり元内閣総理大臣の弟である近衛秀麿も加わっていた。
>
> 彼は音楽家であり、平和主義者であり、なにより一人の人間であった。華族の生まれというだけでなく、高貴な資質と志を身に着けていた。
>
> 「カノンという音楽は僕の耳を侮辱するばかりで、我々の勝利はどれもこれも残念なことに、我々を滅亡へと向かわせる確かな歩みになっているだけだ」と、初めて出会ったときから彼

は私にそう言っていた。（筆者注：「カノン」はドイツ語で「大砲」の意味でもあり、「勝利」はナチスの勝利を示唆した、皮肉交じりの隠語）

ゲッベルスも宣伝省も、彼がナチスについて何を知りどう考えているかを、明確に認識しており、オペラ劇場や名高い舞台などで彼が指揮できないよう、あらゆる機会に妨害し、わきまえない者には喜んでそうするということを態度で示してきたが、近衛はそれに対してもわきまえようとはしなかった。彼は苦しむ友があればそこへ行き、助言や行動でそれを助け、金銭をやり食べ物を分け与え、友が道を行くのを見かければ、ためらわず車を停めて乗せてやった。（三二頁／筆者訳）

絶対的な信用を寄せている様子が窺える。

欧州に駐在していた技術者北島正元の手紙や日記に解説を加えた著書、『ベルリンからの手紙——第二次大戦、大空襲下の一技術者』（北島正和著／中央公論事業出版／２００５）に、「近衛秀麿は兄の近衛文麿内閣が三国同盟を締結して以来人気が高く、各地で演奏会の指揮をとっていた」（一〇七頁）の一節がある。

前ページには、１９４１年11月初旬、正元が出張先のハノーファーで泊まったホテルに秀麿も一週間滞在し、金曜日に「マダム・バタフライ」を振るはずだったが、大空襲に襲われ舞台が中断したと書かれている。

日独伊三国同盟が交わされたのは1940年9月27日で、日記の記述は翌年11月である。リープレヒトの言う妨害はそれより後に始まったのだろうか。

このあと、リープレヒトの回想記は、日々の迫害の様子やその折々の対処についてなど続くが、ざっと通読しただけでも六か所に秀麿の名を見つけることができた。

秀麿自ら語ったユダヤ人救出の裏付けと考えてよいだろう。

## 藤村義朗の場合

八三ページに触れたように、藤村義朗海軍中佐は、大阪商船（現・商船三井）の駐在員としてベルリンに勤務していた津山重美と共にスイス・ベルンに向かい、朝日新聞特派員、笠信太郎らと共に和平交渉に臨んだ。

その際にロッテ・クラマー嬢を秘書として随行させたが、彼女はユダヤ人だった。

津山はクラマー嬢の命がけの亡命劇について、商船三井OB会「松柏会」での講演会の講話を書き起こした「終戦前夜秘話」（『水交』誌／㈶水交会発行／平成11年7・8月合併号）に詳しく述べている。

ベルリンのスイス公使館ではビザがとれない。スイスとの国境でビザをとる約束を取りつけて、藤村中佐は海軍の制服を着て、私は皮ジャンパーでそれぞれ車を運転して行くことになりました。ところが中佐が「女の子を一人連れて行ってもいいか？」

――それは困りますよ。命がけで国境を越えようとしているんじゃないですか。

「向こうでアメリカとの交渉をするとき、いろいろな場合に女の子がいると具合がいいんだよ。彼女は六ヶ国語を話すし、日本語だってベルリン大学の日本語科で勉強し、小学校四年の教科書をゆうに読める。そういう女だから連れていこう」

という訳でロッテという名の女性を連れて出発しました。しかし、ベルリンでは外交官のビザでもスイスまでのガソリンは手に入らない。

「彼女がユダヤ人に連絡をとって、ユダヤ人の地下工場につれて行ってくれる。そこへ行ったらガソリンは手に入る」

なるほど行ってみるとあるんですね。あれほどユダヤ人狩りをしても、尚かつ残っていました。そこでスイスまでの一週間分のガソリンを積んで三月十七日、満月の夜を選んでベルリンを出ました。アウトバーンを走って夜が明けると、イギリス空軍の機銃掃射にあい、あわてて鉄道の高架の下に逃げたり、森の中に隠れたりしました。

もっぱら夜、満月の道路を坦々と走り、昼は森のなかで昼寝し、彼女は近所へいって食料を手に入れて世話をしてくれました。

国境の町、コンスタンツに着き有名なインゼル・ホテルに入りました。その昔は修道院で戦時中は外交官と特別な人しか泊まれませんでした。彼女は泊まれませんでしたが、とにかく夜間を利用して国境を突破させました。我々はビザを貰って、スイスに入りました。

そして彼女とは、時計で有名なシャフハウゼンという駅で落ち合うことにしていましたが、約束の午後一時になっても現われない。随分待った後、駅員がやってきて、警察から電話が入っていると言う。スイス警察が
「お前は日本人か。ドイツの婦人を連れてきただろう。トランクを預かっている筈だ。それを駅長に預けて、警察に送り届けてくれ」

——私は日本の外交官だ。治外法権の特権を持っている。どういう経緯か話してくれ。

「いや、それは言えない」

——それならベルリンへ行って、スイス政府と交渉するが、よろしいか。

警察はびっくりして、事情を話してくれたところによると、彼女は国境の山林を真夜中に突破して、ドイツの警官に撃たれて足を怪我しており、生命に別状はない。ついてはトランクを送り返してくれと言うことでした。

彼女の家はユダヤ人の大金持でトランクには、宝石が一杯入っていましたので、宝石だけ

を抜き取ってトランクを送り返しました。その後、彼女のためにスイス政府との交渉に弁護士を雇ったり、警察を買収したり、この宝石のおかげです。宝石一つ売り飛ばせば大抵のことは出来ますね。そして彼女は釈放され、我々の和平交渉のアシスタントにしました。六ヶ国語は話せるし、英語は上手い。ホテルに朝日新聞の笠信太郎さんがいて、和平交渉の条件や意見などを名文で書いてくれて、彼女が直ちに立派な英語にタイプしてくれました。（二四—二五頁）

こうして三か月にわたってダレス特務機関との和平交渉に臨んだが徒労に終わり、日本は8月15日に終戦を迎え、翌年2月、日本への帰国を命ぜられた。

津山と藤村は、鉄道でイタリアに向かい、ナポリから乗船することになった。クラマー嬢とは悲嘆の別れとなり、二度と会うことはなかった。

『古稀の屑籠』には、三十二年経って知ることになったクラマー嬢の消息について触れてあり、彼女は後にブラジル・リオデジャネイロに移住し結婚していた。

ソアレス夫人となったクラマー嬢はマンションを持っており、津山の同僚の兄の部下がリオデジャネイロ駐在の折に偶然ソアレス夫人のマンションを借りたことがきっかけで、ソアレス夫人が津山の消息を尋ね、手紙のやり取りをするに至った。

ソアレス夫人が津山に宛てた手紙の中に、ドイツ時代、藤村中佐はクラマー嬢の父親の命もナチスから守り、自身もスイスへの亡命を命がけで助けてもらい、やがて熱烈な思慕を抱いたが結ばれる運命にはなく、藤村中佐の結婚を知って、自身も諦めて結婚したのだと事情が綴られていた。クラマー嬢の父親もナチスの時代を無事生き延び、数年前に死去したが、父親が遺言を遺していたので、その遺志の通り、いくつかの貴重品と現金を銀の箱に詰め、東京の学会に出席予定の知人に託し藤村中佐に届けてもらうとも書かれていたという。

## 杉原千畝の場合

外務省の訓令に反して、ナチス・ドイツの迫害から逃れてきたユダヤ人たちに通過ビザを発給し、多くの命を救ったことで知られる杉原千畝は、1924年に初めて外交官として在満洲里領事館に勤務し、以降、在ハルビン総領事館、満州国外交部、在モスクワ日本大使館、フィンランドの在ヘルシンキ日本公使館などを経て、1939年8月28日、新設されたリトアニアの在カウナス日本領事館に領事代理として着任した。

「独ソ不可侵条約」の調印からわずか五日後のことである。

この条約は、表向きは両国の侵略行為の禁止や中立義務を盛り込んだだけの一見平凡な内容だが、両国の企ては秘密裏に交わされた「秘密議定書」のほうにしたためられている。それは、両国の間にある東ヨーロッパ諸国の勢力範囲を独ソ間で事前に分割したもので、バルト諸国（三国および当時はフィンランドも含まれていた）に関してはリトアニアの北側国境を境界線とし、フィンランド、エストニア、ラトビアの三国はソ連の勢力範囲、そしてリトアニアはドイツの勢力範囲とし、ソ連領域ベラルーシに接するリトアニア南東部のヴィリニュス地域に関してだけは両国間の共同管理とした。また、ポーランドについては、ナレフ、ヴィスワ、サンの三つの川をおよその境界とし、西側をドイツ、東側をソビエトと分け合った。

独ソ不可侵条約締結に成功したドイツは、締結から九日後、すなわち杉原のカウナス着任のわずか四日後の9月1日、早々にポーランドへの侵攻を開始した（ソ連は17日に侵攻開始）。突然の侵攻に対してポーランドの同盟国であったイギリスとフランスが3日、宣戦布告し、第二次世界大戦の序章の幕が切って落とされた。

ポーランドは元々、ヨーロッパの中で最もユダヤ人の多い国で、ナチスの迫害が始まる前は三百十万人を数えたと言われている。

それに加え、ナチ政権樹立以来、大量のユダヤ人がドイツ国外へと追放される中、１９３８年10月末には、「ポーランド作戦」によってドイツ在住のユダヤ系ポーランド人一万七千人が母国へと送り返された。

他方、オーストリアでは１９３８年３月にドイツ・オーストリア合邦があり、また、チェコスロバキアでは１９３８年9月のミュンヘン会談でズデーテン地方がドイツに割譲され、翌年３月には残る土地もドイツの保護下に入り、それらの国々からナチスを恐れて夥しい数のユダヤ人が逃亡し、ポーランドにも流れ込んだ。

ところがドイツ軍のポーランド侵攻が始まったため、またその地でナチスに追われることとなった。西ヨーロッパ方面やパレスティナ、アメリカや上海などに渡ることができた者もあるが、多くは東方へと逃げるしかなかった。それにはドイツ軍によるポーランド侵攻当初はポーランドのナレフ川、ヴィスワ川、サン川の以西に住むユダヤ人が含まれていたが、四週間後の9月28日に、改めて「独ソ境界友好条約」が交わされ、勢力範囲に変更があり、リトアニアは全域ソ連の勢力範囲となり、代わりにポーランドにおけるドイツの侵略領域が現在の東側国境線近くまでずらされたことで、ナチスに脅されるユダヤ人の数が一気に増大した。

アウシュヴィッツのホロコースト資料館によると、ドイツとオーストリアだけで三十四万人以上のユダヤ人が国を追われたが、うち十万人近くは、後にドイツに征服されることになる国に避難していったという。そこにポーランド在住のユダヤ人、三百十万人が加わったのだ。

何千、何万という人々の群れが逃げ場を求めて流浪し、１９４０年夏、ヴィリニュス地域からリトアニアに入国を果たした者たちが、カウナスに到着することになる。

「忘れもしない一九四〇年七月一八日の早朝の事であった」

初めてユダヤ人の群れを窓の外に認めたときの様子を、杉原は次のように回想している。

六時少し前。表通りに面した領事公邸の寝室の窓際が、突然人だかりの喧しい話し声で騒がしくなり、意味の分からぬわめき声は人だかりの人数が増えるためか、次第に高く激しくなってゆく。で、私は急ぎカーテンの端の隙間から外をうかがうに、なんと、これは大部分がヨレヨレの服装をした老若男女で、いろいろの人相の人々が、ザッと一〇〇人も公邸の鉄柵に寄り掛かって、こちらに向かって何かを訴えている光景が眼に映った。(『決断・命のビザ』渡辺勝正編著/大正出版/1996年/二九五頁)

カウナスの領事公邸は領事館の上階にあり、杉原副領事の家族も領事館の中の居住部分に暮らしていた。館周辺の喧騒を認めた杉原は、上階の自室で読書をしていた妻幸子に知らせにいった。

建物の周りがびっしりと人の群れで埋め尽くされている様子に驚愕したが、幸子はこのときの様子を次のように回想している。

人々は血走って、訴えるような目をしていました。今でもその目を忘れることはできません。外からは見えないように気をつけていたのですが、それでも窓に私の影が映ったのでしょう。数人のユダヤ人が私に向かって、何かを叫び始めました。なかには、祈るように手を合わせて私に差し出している姿もあります。数人の男たちが館邸の鉄柵を乗り越えようとしました。しかし仲間に制され、少し小競り合いがあった後に、男たちは再び群れの中に戻っていきました。（『六千人の命のビザ』杉原幸子著／大正出版／1994／一七―一八頁）

事情が理解できてからのことを杉原は次のように述べている。

「何れもポーランド西部都市からのユダヤ系であって、ナチス・ドイツ軍による逮捕、虐殺の難を逃れ、唯一の遁れ道としてのヴィルノ（カウナス）を目指し、晴雨を問わず幾日もかかって、ある者は鉄道線路伝いに痛む足を引きずりつつ、ある者は運よく行きずりの荷馬車に乗せて貰いなどして、大移動を続け、辛うじてヴィルノに辿り着いた訳である。兎に角、ソ連、日本を経由してそれ以遠の第三国へ移住するための日本通過ビザを発給して貰いたい、ということだった」（『六千人の命のビザ』／一六頁）

杉原夫妻はこれまでに公園の柵に「ユダヤ人入るを禁ず」と書いた札を目撃したことがあり、「ポーランド狩り」という言葉が巷で囁かれていることも認識している。妻幸子は、子どもの世話係として同行させていた妹節子に「今、ポーランドではユダヤ人とみなされたら、大人でも子供でも捕らえられて、トラックに乗せられれどこかに連れて行かれる」とも説明している。

「本省へ電報を打ってみよう。一人では決められない難しい問題だ」と杉原が言い、「そうしてあげてください。あの人たちのために」と妻が応えるやり取りがあったという。「私はそう答える以外になかった」と幸子は振り返る。

杉原が「難しい」と言ったのは、ユダヤ人に対するビザの発給についての訓令がすでに出ているのを知っているからだ。

1938年10月7日付の近衛文麿外務大臣（内閣総理大臣だが同大臣も兼任）が発信した訓令（米三機密合第1447号、件名「猶太避難民ノ入國ニ関スル件」）には、各省と協議した結果、協定相手が排斥する者を日本が許容することは状況的にも都合が悪く、また、事変下にある日本では、外国から避難民を受け入れる余地もないとの前置きのあと、次の点が指示されている。

①無国籍「避難民」に滞在ビザを発給しない。ただし、行先国の入国手続きを完了し、かつ、

250円以上の現金を所持する者に対しての「通過ビザ」発給はこの限りではない。
②日本との間のビザ相互廃止国の国籍をもつ「避難民」にはビザもそのほかの証明書も一切与えない。願い出があっても諦めるよう説得すること。
③それ以外の国籍を有する「避難民」には一切ビザを与えない。

「避難民」とはユダヤ人のことで、「外部に対しては単に『避難民』の名義とすること。実際はユダヤ人避難民を意味す」と但し書きが文中に付いている。協定相手とはドイツおよびイタリアのことで、日独伊防共協定が1937年11月6日に交わされている（日独伊三国同盟は1940年9月27日）。また、「日本との間のビザ相互廃止国」とはドイツのことで、当時両国間は滞在許可を事前に取得する必要がなかった。

この二か月後の12月6日、五相会議が開かれ、「猶太人対策要綱」が決定し、翌日、有田八郎外務大臣からの訓令（電送　第31023号、件名「猶太避難民ニ関スル件」）として世界各地の在外公館長に回電された。
独伊両国と親善関係を保つためには、盟邦が排斥するユダヤ人を積極的に抱擁することは原則的に避けたいが、ドイツのように極端な態度に出るのは日本が長年主張してきた人種平等の精神にも合致しないとの要綱を述べた上で次の方針が記されている。

①現在、日、満、支に居住するユダヤ人に対しては、他国人と同様、公正に取り扱い、特別に排斥しない。

②新たに日、満、支に渡航するユダヤ人に対しては、一般に外国人入国取締規則の範囲内において公正に処置する。

③ユダヤ人を積極的に日、満、支に招致するようなことは避ける。但し、資本家や技術者など利用価値のある者はその限りではない。

一見、ビザ発給の条件が大幅に緩和されユダヤ人に対する制限が取り消されたように見受けられるが、実は、活字で書かれた訓令には自筆の文書が添えられており、日本入国に関しては先の近衛訓令の趣旨と同一であるから同信の記載通り処理するようにと特記されている。

要するに、近衛訓令でユダヤ排斥を「避難民」という隠語で表現し、あからさまに入国拒否をしていたところを今回の訓令で書面上の体裁を整えただけのことで、日本入国に関しては今まで通り、上海行きについても、翌年に厳しい移民制限が行われており、結局のところ、資本家や技術者などへの特例を設けたこと以外は、なんら変わっていないということだ。

添付文書の文末には、「本電宛先　在外各公館長　独宛へは　本大臣の訓令として東欧州、アフリカおよび近東（アフガニスタン以西）各公館長に暗送ありたし」と書き添えられ、表紙として訓令に附けられている票にも、宛先欄に、当初書かれたと見られる「大島大使」の名の上に取消線が引かれ、「在独大使、在米大使、在○大使、在北京参事官、在上海領事、香港、新嘉坡、浦塩」（○部は判読不明、新嘉坡はシンガポール、浦塩はウラジオストクのこと）と複数の宛名が明記されている。

当時すでに欧州に駐在していた杉原も、当然、読んだことだろう。

しかし今、杉原の前に詰めかけているユダヤ人たちは、最終目的地の国の名を挙げてはいるものの入国手続きは行っていない。

リトアニアはソ連に侵略され、各国の在外公館は8月末までに閉鎖し撤退するよう要請が出ており、すでにほとんどの国は撤退し終わっているため、当地で手続きに走ることは事実上無理であり、多くの者は所持金どころかまともな荷物さえ持っていない状態だった。

杉原は、通過ビザ発給の許可を仰ぐ電報を何度か打ったが、いずれも答えは「否」であった。

ついに杉原は、独断でユダヤ人たちに通過ビザを発給し始めた。

杉原は、翌年赴任したプラハの地から、カウナスで発給した通過ビザのリストを松岡大臣に提出している（1941年2月28日付、松岡洋右外務大臣宛、普通第28号、在「カウナス」領事館扱査証調書送付の件）。

この発給表には、通し番号、国籍、氏名、発給ビザの種別、発給日、査証料、備考の欄が設けられ、計三十二枚に二千百三十九名が記録されている。

このリストを精査すると、初めての記載は1940年7月9日付で、発給数は一通。次は15日、16日共に一通、19日二通、24日、25日共に四通と少ないが、26日十四通になり、27日に四十一通、29日には百二十通と急に増え、30日は二百五十九通ものビザが発給されている。

幸子は、ビザの発給が始まった日の朝について次のように回想している。

一九四〇（昭和十五）年七月三十一日の朝早く、まだ暗いうちから人々は集まってきていました。夏といっても朝夕は寒いくらいで、コートを着ている姿が目立ちます。お互いに話し合うこともなく静かに立っていましたが、その顔には焦燥の思いが色濃く表れていました。夫が表に出て、鉄柵越しに「ビザを発行する」と告げた時、人々の表情には電気が走ったようでした。一瞬の沈黙と、その後のどよめき。抱き合ってキスし合う姿、天に向かって手を広げ感謝の祈りを捧げる人、子供を抱き上げて喜びを押さえきれない母親。窓から見てい

る私にもその喜びが伝わってきました。（『六千人の命のビザ』／三五―三六頁）

杉原のリストと杉原夫妻の回想を重ねることによって、興味深い背景が浮かび上がる。領事館前に大勢のユダヤ人が詰めかけたのは7月18日の朝のことだ。しかし、ビザ発給は、9日から始まっている。

9日から16日までに受給した三人（一人はドイツ国籍、二人はリトアニア国籍）は、通過ビザの可能性をいち早く知り申請に来たのだろう。また、29日以前にビザを受給した六十八人は、日本政府の規定に沿った資格を持っていたため通達以前に受給できたということだろう。

本書冒頭に触れた、２０１４年秋にベルリンの在ドイツ日本国大使館で上映されたドキュメンタリーフィルムの中に、リトアニアを発った人々の乗った船の寄港地に住む人々をインタビューしたシーンがあり、多くのユダヤ人が貧しい姿であったが、身なりの良い人が稀に見られ、その貧富の差が見ているほうにも奇異に映ったと述べていた。

通過ビザ受給の資格のないユダヤ人たちにビザの発給を始めたのは7月29日だが、8月16日には早速本省から、杉原のビザ発給に苦言を呈し、再度、取り扱い方を指示する電信が届いている。

最近貴館査証ノ本邦経由米加行「リスアニア」人中携帯金僅少ノ為又ハ行先国ノ入国手続未済ノ為本邦上陸ヲ許可スルヲ得ス之カ處置方ニ困リ居ル事例アルニ付国際避難民ト見做サレ得ヘキ者ニ対シテハ行先国ノ入国手続ヲ完了シ居リ且旅費及本邦滞在費等ノ相当ノ携帯金ヲ有スルニアラザレハ通過査証ヲ與ヘサル様御取計アリタシ」

（1940年8月16日、在松岡外務大臣発、在カウナス杉原領事代理宛、電報第22号「避難民の取扱方に関する件」）

（現代訳）最近、貴館ビザの、本国経由アメリカ・カナダ行きのリトアニア人のなかに、所持金がわずかであるため、または、目的国の手続きを済ませていないため、本国上陸を許可するべきかその処置に困る事例があるため、国際避難民とみなされるべき者に対しては、目的国の入国手続きを完了しており、かつ、旅費および本国滞在費等に相当する所持金を持っているということでないのであれば、通貨ビザを与えないよう取りはからっていただきたい。

杉原はこれをまったく無視し、通過ビザを発給し続ける。それどころか、最初は番号を記しながらビザを発給していたが、こんな丁寧なことをしていては、この先とてもさばき切れないと判断し、途中からリストの作成を止めてしまい、所定の手数料も徴収しなくなったと幸子は書いている。

リストを見ると、当初は、日曜を除いてビザは毎日発給されているが、8月8日以降は日によって極端に少なく、ばらつきが見られる。ソ連から勧告されていた領事館閉鎖の期日も近づき、撤退の準備なども重なったのだろうか。そして8月23日にわずか三通、24日に一通、26日に三通の記録があるだけでリストは終わっている。

記載の極端に少ない23日からベルリンへ発つ9月5日まで、日曜を除いても十二日間もある。記録しなかったビザの数は千通を超えるのかもしれない。

杉原は、時間の許す限り査証を作成した。領事館を閉鎖しホテルに移動してからも、9月5日の朝、ベルリン行きの列車を待つ駅構内においても、乗り込んだ列車の車内で窓から身を乗り出してでも、ビザを発給し続けた。


汽車が走り出し、夫はもう書くことができなくなりました。

「許してください、私にはもう書けない。みなさんのご無事を祈っています」

夫は苦しそうに言うと、ホームに立つユダヤ人たちに深ぶかと頭を下げました。茫然と立ち尽くす人々の姿が、目に焼きついています。

「バンザイ、ニッポン」

誰かが叫びました。

「スギハァラ。私たちはあなたを忘れません。もう一度あなたにお会いしますよ」

列車と並んで泣きながら走ってきた人が、私たちの姿が見えなくなるまで何度も叫び続けていました。（『六千人の命のビザ』／四二―四三頁）

実際に発給したビザの数が何千に上るのか分からないが、その上、一通のビザは家族全員に適用されたので渡航が可能となった人の数は相当なものとなる。しかしながら、所持金が少なかった者も多く、渡航の権利を握った者のうち、実質どれだけの人が日本に向けて出発できたのかも分かっていない。

ベルリンに移動した杉原と家族は、その後、チェコ総領事館、東プロイセン総領事館、ルーマニア公使館と転任しながら終戦を迎えた。戦後はソ連軍に捕まりブカレスト郊外の兵営に収監されるなどして、1947年4月に帰国した。

しかし、外務省に復帰するや、6月には省内のリストラを理由に退職に追い込まれ、以後、進駐軍やＮＨＫ、貿易商社などに勤務した。

杉原は晩年、一枚の原稿用紙に当時のことをこう回顧している。

最初の回訓を受理した日は、一晩じゅう私は考えた。考えつくした。

回訓を文字どおり民衆に伝えれば、そしてその通り実行すれば私は本省に対し従順であるとしてほめられこそすれと考えた。

仮りに当事者が私でなく他の誰れかであったとすれば、恐らく、その百人が百人、東京の回訓通り、ビーザ拒否の道を選んだだろう。それは何よりも文官服務規程方何条かの違反に対する昇進停止乃至馘首が恐ろしいからである。

私も、何をかくそう、回訓を受けた日、一晩中考えた……果たして、浅慮、無責任、我無者らの職業軍人グループの、対ナチス協調に迎合することによって全世界に隠然たる勢力を擁する、ユダヤ民族から永遠の恨みを買ってまで、旅行書類の不備、公安配慮云々を盾にビーザを拒否してもかまわないのか、それが果して、国益に叶うことだというのか。

苦慮、煩悶の揚句、私はついに人道・博愛精神第一という結論を得た。

そして私は、何も恐るることなく職を賭して忠実にこれを実行し了えたと、今も確信している。

1968年、東京のイスラエル大使館から掛かってきた一本の電話で、ユダヤ人たちの消息を知ることとなった。

ユダヤ人たちは、戦後、杉原を捜したが、杉原が外務省を辞めており、当時杉原が「千畝」の名をユダヤ人たちに「センポ」と教えていたことから、外務省に問い合わせても「SEMPO SUGIHARA」という名の外交官は存在しないとの返答しか得られなかったため、探し当てるのに二十八年もかかったという。

これを機に、杉原は生き延びたユダヤ人たちと再会するようになった。

通過ビザを受給したユダヤ人たちの多くは、千畝の独断による発給であったことを知らなかったという。

1985年、杉原はイスラエル政府から「諸国民の中の正義の人賞（ヤド・バシェム賞）」を受賞した。

これはナチス・ドイツ時代に自身の身の危険を顧みずユダヤ人の命を救ったユダヤ人以外の人に贈られるもので、2016年1月1日現在で五十三か国、二万六千百二十人が受賞しているが、日本人としては杉原が唯一である。

その翌年、杉原は八十六歳でその生涯を終えた。

日本において杉原の名誉が公式に回復されたのは、ユダヤ人にビザを発給してから六十年、戦後五十五年、杉原の逝去から十四年も経ってからのことだ。

杉原千畝生誕百年にあたり、リトアニアとの国交回復記念日である２０００年10月10日、日本国外務省外交史料館で「杉原千畝氏顕彰プレート除幕式」が行われた。

１９９１年に当時の鈴木宗男外務政務次官が幸子と子息弘樹を外務省飯倉会館に招き、人道的かつ勇気ある判断を高く評価し杉原家に謝罪したが、日本政府としての意向ではなかったため、鈴木氏のその後の尽力により、この日に公式の名誉回復が実現した。

河野外務大臣は演説の中で謝罪の念と人道行為への見解を次のように述べた。

> これまでに外務省と故杉原氏の御家族の皆様との間で、色々御無礼があったこと、御名誉にかかわる意思の疎通が欠けていた点を、外務大臣として、この機会に心からお詫び申しあげたいと存じます。
>
> 「勇気ある人道的行為を行った外交官」として知られる故杉原氏は、申し上げるまでもなく、在カウナス領事館に副領事として勤務されている間、ナチスによる迫害を逃れてきたユダヤ系避難民に対して日本通過のための査証を発給することで、多くのユダヤ系避難民の命を救い、現在に至るまで、国境、民族を越えて広く尊敬を集めておられます。
>
> 日本外交に携わる責任者として、外交政策の決定においては、いかなる場合も、人道的な

考慮は最も基本的な、また最も重要なことであると常々私は感じております。故杉原氏は今から六十年前に、ナチスによるユダヤ人迫害という極限的な局面において人道的かつ勇気のある判断をされることで、人道的考慮の大切さを示されました。私は、このような素晴らしい先輩を持つことができたことを誇りに思う次第です。

この演説は公式なものとして、外務省公式サイトにも掲載されている。

また同サイトに設けられた「よくある質問集」欄には、杉原の行動を外務省はどう評価しているのかという問いに対して、「外務省として、杉原副領事は、勇気ある人道的行為を行ったと認識しています」と答え、杉原は訓令違反を犯していたのかという問いに対しては、「通過査証は、行き先国の入国許可手続を完了し、旅費及び本邦滞在費等の相当の携帯金を有する者に発給する」との本省指示の要件を満たしていない者に対しても通過査証を発給したと承知していると回答し、「外務省としては、当時の状況下、杉原副領事は勇気ある人道的行為を行ったと認識しています」と書き添えている。

ユダヤ人救出としては映画『シンドラーのリスト』（1993）が世界的にも有名で、オスカー・シンドラーの名が広く知られていることから、杉原千畝は「日本のシンドラー」とも呼ばれている。しかし、シンドラーのリストに載っているユダヤ人の数は、現存のものを数えると千九十八であり、杉原の発給したビザの数のほうがはるかに多い。

そして忘れてはならないのは、杉原の功績は杉原だけによるものではないということだ。杉原は通過ビザを発行したが、日本に到着するユダヤ人を出迎えたわけではない。ユダヤ人たちが乗り込んだ船や、寄港した港、また、移動していった町々で、資格の不備を理由に拒絶することなく受け入れ、世話を焼いた人々がいる。この人たちの尽力なくして、この人々は生き延びることはできなかった。

諸国民の中の正義の人賞公式サイトの冒頭にも掲載されている、ユダヤ教の人々が大切にしている聖句がある。

「たった一つの命を救う者は全世界を救う」（ミシュナ・サンヘドリン4：5）

この言葉は、日本に到着した何千ものユダヤ人を受け入れ協力した日本人、一人一人に向けられているのだ。

## 毛利誠子の場合

かつての長州藩主、毛利宗家第三十代当主、毛利元道《もとみち》公爵は、陸軍大尉として妻の誠子《のぶこ》と共に、1937年にベルリンに赴任した。

誠子は、二年ほどの欧州滞在の体験や自身の半生を「週刊文春」に1959年4月20日号から二十一回にわたって寄稿しているが、その中でアパートの階下に住んでいたユダヤ人夫婦の子どもを預かった経緯に触れている。

夫妻の住んだアパートは、ベルリン西部の華やかな繁華街クーダムの南側の閑静な住宅街にある。記事本文には通りの名称しか書かれていないが、前述の在留邦人向けにベルリンで発行されていた月刊誌「日獨月報」の1938年5月号に掲載された邦人名簿にも毛利夫妻の名があった。住まいはデュイスブルガー通り14番地、電話番号は921697番となっている。ベルリンでは、この頃にはすでに電話が一般家庭にも広く普及しており、在留邦人もみな電話を持っていた。

夫妻の借りた部屋はアパートの四階部分で、寝室、応接間、仕事部屋、女中部屋、浴室、キッチンで家賃は月千二百マルクほどだったという。

女中には六十二歳のドイツ人女性ベルタを雇っていた。文中に出てくる「お勝手」は女中専用の出入り口のことで、1860年代後半から1920年代にかけて建設された、今日、「旧建築」

と呼ばれるアパートには、中庭から上り下りする、女中専用の細い裏階段が設置されていた（現代では大きなフラットは部屋割りされ、ある程度幅のある裏階段は、中庭に面する部屋の階段として使われている）。

そのころ、ベルリンにはまだユダヤ人がたくさんおりましたが、そろそろユダヤ人狩りがはじまっていました。たとえば、ユダヤ人の店で買ものをしたものは売国奴であるというポスターがはられたり、映画のタイトルの中にそれが出たりするのです。

日本のカゴメケチャップのマークみたいなものとか、大きな曲った鼻とか、ユダヤ人のシンボルになっているものを、ユダヤ人の店の前に書き立てていやがらせをしました。

ドイツ人は、子供たちを教育するにもユダヤ人というのは恐るべき人種で、金は水にとけないように、ユダヤ人はぜったいにドイツ人になりっこないのだ、と教えこむわけです。

ユダヤ人の店は、たいてい化粧品やきのきいた雑貨などを売っていました。客にあいそがよく、値段も安いので、繁昌していたのですが、そのうちに、ナチスの親衛隊がこういった店を襲撃して、ショウ・ウィンドウをぶちこわしたり、商品をかっぱらったりするようになりました。

またユダヤ教の教会へのりこんで、神聖な祭壇に、婦人の下着を飾ったりし、それはもう話にならないことをやってのけました。

ところで、わたくしたちのアパートのすぐ下に、ユダヤ人夫婦が住んでいました。そこの主人はしょっちゅう留守で、わたくしは奥さんと懇意にしていたのですが、ある晩、わたくしの方のお勝手の戸をすごいいきおいで、たたくものがあるのです。その前に、下の部屋で何か音がきこえましたけど、夫婦ゲンカでもはじまったのかと思っていたのです。

それにしては少し変だと思って、わたくしが、お勝手口をそっと開いてみたところ、そこにユダヤ人の坊やがいて、奥さんが血相をかえて、その坊やをわたくしにおしつけ、それから何か新聞紙にくるんだ平たいものを下において、「頼みます」といったまま、脱兎のごとく出ていってしまいました。

そうこうするうちに、下の方で、「キャーッ」という声が聞こえたんですけれど、それっきり音沙汰なしです。

子供は泣きだすし、わたくしはどうにもならなくて、さっそくベルタを呼んで、相談しました。ベルタはすぐ下のユダヤ人の部屋を見にいきましたが、もぬけのカラで、家財道具はメチャクチャにこわされていました。ナチスにつれて行かれたことは明らかで、せめて子供の命だけでも助けたいと思って、わたくしに托して行ったのだということに気がつきました。

それで、新聞紙にくるんだものを開いてみますと、大きな純金の皿が五枚出てきました。

（つづく）（1959年5月25日号／七四頁）

ユダヤ人が、子供とともに純金の皿をおいていったのは、せめて子供の命だけでも助けたいというので、養育費のつもりだったのでしょう。子を思う母の心は、ユダヤ人も日本人もかわりのないことを知って泣かされました。

この子供は、ふだんからわたくしになじんでいたので、母をしたって泣くようなことはありませんでした。いずれ取調べがすんだら、子供の両親が釈放されてくるだろうと考えて、その日がくるまで面倒を見るつもりでいました。

だが、待てどくらせど、子供の両親は姿を見せません。そのうちに、このことが日本の大使館の知るところとなり、ついに警告をうけました。ユダヤ人の店で買物するさえよくないといわれていたのに、その子供を手もとにおくのは、盟邦政府の政策に反するわけで、日本人としてつつしまねばならぬというのです。といって、せっかくなついている子供をナチスにわたす気にもなれません。

あれこれと考えあぐんだ末、カトリックの孤児院にその子供をつれていって、あずかってもらいました。金の皿は、子供につけてわたしましたが、その後どうなったかわかりません。子供の両親も、それっきりかえってきませんでした。（1959年6月1日号／七八頁）

前述のラヘルも一時プロテスタント教会に匿ってもらっていたが、第六章のベルリン内外で終戦まで生き延びた人々の証言集にも、カトリック系施設に預けられた方の話が出てくる。誠子が面倒を見ていた子どもはその後どうなったのだろう。名前が分からなくとも住所を基に消息を調べることができないか、前出のインターナショナル・トレーシング・サービスに問い合わせてみたが、名前からの検索しかできない仕組みになっているため不可能とのことだった。

八十年ほども前のことだが、なんとか生き延びたことを祈るばかり。

---

日本大使館に助けられたレジーナの軌跡を追う中で発見した、ユダヤ人救出に力を注いだ日本人たちの資料は以上の通りだ。捜せば他にももっと出てくるだろうし、人知れず尽力した人もあっただろう。

また、実際には力になれずその結果、自身の無力さに苦しんだ邦人も多くいた。一つだけ例を挙げておきたい。

1939年にドイツに留学した哲学者、篠原正瑛はある日、下宿近くの住宅街を歩いていると、身なりの良い六十歳ほどの婦人に話しかけられた。胸に黄色い星のワッペンを付けており、ユダヤ人であることは明白で、彼女の娘のために日本の旅券を手に入れてもらえないかと相談された。篠原はその意味が分からず断って別れたが、後日、ドイツ在住の長い邦人から、老女はおそらく、偽装結婚をさせてでも娘を国外に逃がしてやりたかったのだろうと説明された。

このことを篠原はこう回想している。

あの老ユダヤ婦人も、その娘も、おそらくアウシュヴィッツかどこかの強制収容所で悲惨な最期をとげたことであろう。あれからすでに四〇年以上もたった今日でも私は、第三ライヒ当時の記録映画などでユダヤ人迫害の場面を見るたびに、自分の勘のにぶさから一人のユダヤ娘の命を救う機会を、むざむざと逃がしてしまったあのことを思い出して、悔恨の情みたいなものに駆られてならない。（『ドイツにヒトラーがいたとき』篠原正瑛／誠文堂新光社／1984／八〇—八一頁）

# 第六章

# 追懐

グルーネヴァルト駅17番ホーム。
1941年秋以降、夥しい数のユダヤ人が連日ここから
強制収容所へと送られていった。

## さらなる出会い

拙稿が掲載された「サンデー毎日」見本誌が届いたので、取材に応じてくれたラヘル・マンさんのところに届けに行った。

好奇心いっぱいの表情で日本語の誌面を眺めるラヘルさんに、ドイツ語に訳しながら読み聞かせると、「こんなふうに記事にできる人なら」と彼女は、翌週に予定されているという集会に私を誘った。引き合わせたい人がいるとのことだった。

言われるままにその場に出向くと、会合の趣旨は私とは無関係のものだったが、そこである女性を紹介された。当時のベルリンを生き延び、今もこの町に暮らすユダヤ人が、ラヘルさんのほかにもいて、橋渡し役を務めることができるという。

しつこく繰り返すが、かつてベルリンに住んでいた十六万人以上のユダヤ人のうち、市内で終戦を迎えることができたのはわずか六千人ほどだ。ラヘルさんに初めて会う前、「この確率だけでもすごいというのに、それから七十年経ってもなお健在で、その上、実際にお目にかかることができるとは！」と昂奮したが、他にもまだ存命の方があるとは!!

ただただ驚き、一も二もなく願い出た。

そして取材に伺うと、またそこで新たな手がかりが得られ、もう一人の生存者に会うことができ、また次に……と、何人もの生存者と巡り会っていくことになった。

年齢からしてどの方も、子どもの頃の体験ということになるが、みなさん当時のことをよく記憶し、そしてそれぞれの置かれた環境も体験した内容も不思議なほど異なっていた。

偶然だけに見守られながら命をつないだ赤ちゃん、子どもを助けるために自身の命を絶った母親、目の前で恋人を死へと見送ることしかできなかった青年……。

それら一人一人の体験を次に紹介してゆきたい。

## マルギット・ジープナーさんの場合――父を上海に逃がして

マルギットの旧姓はコーン。典型的なユダヤ人姓だ。

ベルリンの住所帳（非電話加入者も掲載されているタウン誌）１９２５年版のほぼ五ページ分、約千三百世帯がコーン姓だったが、戦時中に発行された最終号１９４３年版に掲載されたのはわずか二十八世帯。この姓のほとんどがユダヤ人で、迫害に遭い町からいなくなったということだ。

父親は、ニュルンベルク法でいうところの「完全ユダヤ人」。母親は「純血ドイツ人」、いわゆる「アーリア人種」である。よってマルギットは第一級混血、「二分の一ユダヤ人」ということになる。

父親は、血統や人種としてはユダヤ人だが、何代も前にドイツに帰化しているから国籍はドイツ、代々ベルリンに暮らす生粋のベルリンっ子であり、母親もまた生粋のベルリンっ子。

マルギットは１９２８年10月10日、この両親のもとに生まれた。

マルギットの父はシュピッテルマルクト広場からさほど遠くないところで小さな書店を営んでいた。ベルリン中心部ポツダム広場から東に二キロメートルほどのところにあるこの広場は、現在は殺風景な空間になってしまいその名を口にする人さえあまりないが、戦前までは商店がひしめくように立ち並ぶ大変賑やかな界隈だった。

この辺りでは五階建ての家屋が隙間なく立ち並び、一階はどこも店舗で、二階より上は住居になっている。マルギットたち家族の住まいは書店の上階にあったので、マルギットはこの界隈の街並みを見て育ち、どの扉の向こうにも美味しそうな匂いやきれいな色が満ち満ちていて、子ども心にも大変気に入っていた。

ヒトラー率いるナチ党が政権を獲得した1933年、マルギットはまだ五歳だった。父親がユダヤ人であることも、それが何を意味するのかということもまだ知らない。キリスト教の家庭がクリスマスや復活祭に礼拝に出かけるのと同じように、ユダヤ教の大切なお祭りの日に両親に手を引かれシナゴーグに行ったことはあるが、それとこれから起こる悲劇がどう関係するかなど想像することもできなかったし、父親でさえ、自身がユダヤ人であることを心配の種にはしていなかった。

父フリッツは、第一次世界大戦時に自由意志で出征しており、ナチス台頭の翌年、指導者兼ドイツ国首相、すなわちヒトラー総統の名のもとに名誉十字章を受章している。ドイツ人としての誇りを持って参戦したことが称賛されているのに、ユダヤの血によって裁かれることなど起きるはずがないと楽観視していた。この名誉十字章が、自身や家族を守ってくれるはずだと信じて疑わなかった。

マルギットは一人っ子。母親はとても美しく明るく行動的な性格の女性で、父親はおとなしくて控えめな人柄だった。二人はいつも仲が良く、マルギットは両親の愛情をたっぷり受けて育った。

マルギットは好奇心いっぱいの女の子で、なんでも知りたがった。

普段は何でも教えてくれる両親だったが、「ユダヤ」と付く話題は一切マルギットの前では伏せられていた。小学校に上がるようになると、彼女はそのことに気づき始めた。それで彼女はよく書店の地下室で遊ぶようになった。そこには夥しい数の古本があり、きれいな表紙をめくるのも楽しいし、古びたインクの匂いも好きだったし、なによりここにいると、一階で繰り広げられる大人たちの会話を漏れ聞くことができたのだ。

父親が自分たちは大丈夫だと信じていることも、かつて戦地で共に戦ったユダヤ人の同志たちが将来を案じて父に会いに来るようになったとき、父の言葉として聞いている。

1936年になると、大人たちのひそひそ話はより頻度を増した。「アーリア化」なるドイツ政府の政策が始まったからだ。これはユダヤ系企業をアーリア系企業に売却させ、ユダヤ人をドイツ経済界から放逐しようというもので、両親も密かにそれを案じていた。

そしてその心配は的中した。

ある日、ナチス・ドイツ時代の秘密警察「ゲシュタポ」が店に乗り込んできて、店舗の明け渡しを宣告した。「売却」とは名ばかりで、二束三文で取り上げられた。二年前にもらった名誉十字章など何の保証にもならなかった。

明け渡しの期限は一週間だった。大切にしてきた本たちをこのまま置いて出なければならないのか。そしてこれからどうやって食べていけばよいのか。両親のひそひそ話は深刻なものになっていった。

ところがある日、母親の機転で状況は少し改善された。

書店の向かいにお婆さんが営む煙草店があり、年を取ってきたのでそろそろ売却を考えているという話を小耳に挟み、この店を買い取ることにしたのだ。母親はアーリア人であるから、母親の名義にすれば新店舗の開店も自由だ。

煙草店を手に入れたとき、両親は初めてマルギットに真実を話して聞かせた。

まだ子どもである彼女に打ち明けたのには理由がある。

父親の書店の地下に置いてある本のことはゲシュタポもまだ知らない。せめてそれだけでも店から持ち出そうと両親は考えていた。珍書だけではなく、ナチスが定めた禁書に当たる書籍も相当含まれている。明け渡しの期限まであと数日に迫り、一冊でも多くの本を運ぶために、まだ十歳にもなっていなかったマルギットにも手伝ってほしかったのだ。

理由が何であれ、マルギットは嬉しくてたまらなかった。真実を打ち明けられたことも、自分が必要とされているということも。自分が誇らしく思えた。

両親に協力して、懸命に地下から書籍を運び出し、両親は期日通りに書店を明け渡した。煙草店経営は母親にとっては初めての経験だったが、持ち前の明るく行動的な性格で気丈に切り盛りし、この店はのちに父親やマルギットの命を助ける要の場所となってゆく。

書店を閉じたあと、父親はシュピッテルマルクト広場近くのユダヤ系のカルチャー劇場がこの頃はまだ営業できていたので雇ってもらった。マルギットはいつもの好奇心を全開させ嬉々として父のいる劇場に通った。

そして1938年のある朝。ユダヤ人の運命がマルギットの家の扉を叩いた。

「ゲシュタポは、早朝にやってきてベルを鳴らさずドアをノックする」

ユダヤ人の間で次第にそう囁かれるようになるが、マルギットの家の場合もまったくその通りで、ある朝、六時頃、玄関ドアを叩く音がした。

その激しさに家族三人はすぐさま目を覚まし、父親が扉を開ける頃、マルギットも寝ぼけ眼をこすりながら廊下に出てきた。まもなく大きな男が二人入ってきた。ゲシュタポだった。

何かの書面を手に、父親を逮捕すると言った。母親は、父が犯罪に加担することはないと訴えたが、二人は鼻であしらい、マルギットが父親にしがみついて阻止しようとしたがその腕もふり払って、父親を連れて去ってしまった。

それから数週間、何の音沙汰もなかった。母親は毎日警察署に出向き、父親の消息を訊ねたが、何も知らされることなく日だけが過ぎた。

母親の煙草店にやってくる客たちは母親と小声で、ラーガー、ラーガーと囁いている。ラーガーとは、「コンツェントラツィオンスラーガー《Konzentrationslager》」、強制収容所のことだが、当時のマルギットには、それが何を意味するのかが分からなかった。

六週間経って父親から葉書が届いた。ブーヘンヴァルトにいると書かれていた。噂の通り、父親はブーヘンヴァルトの強制収容所に収容されていた。

この頃はラーガー、ラーガーと巷の口の端には上っていても、実際に何をするところなのか、マルギットに限らず、大人でさえ誰も知らなかった。アウシュヴィッツの絶滅収容所が完成したのも、ベルリンから収容所行きの列車が出るようになったのも1941年秋からで、まだ三年も先のことだ。この頃は、ただ噂だけが先行していた。

母親はどうにか夫を取り戻せないものか思案した。

母親の店は煙草店であるから男性客が多く、母親は美人で性格も明るいことから客受けもよく、馴染みの客も増えていた。その一人にナチ党員の男がいた。当時、子どもたちが「キャンディー」と呼んでいた、ナチ党の紋章バッジを背広の胸に留めていたからそれと分かる。

母親はあるとき、その男に父親のことを相談した。

すると男はひとつだけ方法があると言った。その方法とは、離婚することだった。夫と離婚し、四週間以内に夫を国外に退去させるなら、ブーヘンヴァルトから連れ出すことができるとのことだった。

1935年9月15日に制定されたニュルンベルク法において、優越民族であるアーリア人種の維持のために、ユダヤ人とドイツ人との結婚を禁じていたところからくるのだろう。

この頃のドイツはまだユダヤ人排斥の動きから出国も可能で、政府はむしろ国外退去を奨励していた。ユダヤ人の出国が禁止されるようになったのは1941年10月以降のことだ。

十歳のマルギットにとっては大好きな両親の離婚など受け入れ難いことであったし、母親も最初は強く反発した。しかし条件を呑まない限り夫は戻ってこられない。苦悶の末、母親は離婚を決心した。

離婚の手続きをした母親は動揺し、涙にくれ、ときにはマルギットが母親に代わって店に立たなければならなかった。

父が戻ってきたのは年も変わった1939年1月のことだった。ようやく帰ってきた父親は、別人のように憔悴しきっていた。数か月ぶりの再会だったが、父親には四週間の時間しかない。この間に、移住先を見つけなければならないし、荷造りもしなければならない。なによりこの四週間、父親は毎日警察署に出頭しなければならなかった。逃亡していないということを、身をもって証明しなければならなかったのだ。

マルギットは学校にも行かず、毎日父親と一緒に警察へ出かけた。

マルギットは成績優秀で、どんな授業でも率先して手を挙げていたが、この頃になるとどんなに高く指を上げても当ててもらえなくなっていた。先生も胸に「キャンディー」をつけていて、半分であってもユダヤの血が流れているマルギットのことを目の敵にした。クラスメイトも同様で、以前はお誕生日パーティーに招待し合っていた仲良しも、みんなマルギットから遠のいていった。だから学校を休むことなど何の苦でもなかった。

朝は父親と連れだって署に出向き、その後は決まってカフェに座った。母は離婚していることになっているから一緒に外出することは許されず、マルギットは父親を独占することができた。

ベルリンに戻ってきた当初、父親は町の様子がすっかり変わってしまったことに愕然としていた。父親が強制収容所に入っている間に、「水晶の夜」事件が起きているのだ。

これは1938年11月9日深夜から翌朝にかけて起きた反ユダヤ主義暴動事件で、前述の「ポーランド作戦」（四九頁参照）がきっかけと言われている。

ドイツから追放されたユダヤ系ポーランド人一家の息子（十七歳）がパリに住んでおり、家族の窮状を知り激昂し、ピストルを購入しパリのドイツ大使館内で発砲したところ書記官に命中し、書記官は二日後の午後、収容先の病院で死亡した。それを聞いたヒトラーが、ドイツ人を殺害したユダヤ人への報復措置として暴動を指示したことによって、その日の深夜に全国で一斉に行われた。

翌朝までに、ドイツ全国二百六十七か所のシナゴーグが焼き討ちに遭い、ユダヤ人家庭に強盗が入り、ユダヤ人経営の商店のショーウィンドウがことごとく割られ、商品が略奪され、九十一人のユダヤ人が犠牲になった。また、三万人のユダヤ人男性が拡張工事を終えたばかりのダッハウ、ブーヘンヴァルト、ザクセンハウゼン各収容所へと送られていった。

良識ある者はこの事件に心を痛めたが、ナチ党はこれを機に、ユダヤ人は危険分子であるとプロパガンダ作戦に出て迫害を加速させたため、ユダヤ人憎悪の感情を掻き立てられる市民も増えていった。

それで父親が戻ってくる頃には、町の至るところに「ユダヤ人お断り」の看板が下がるようになっていた。

以前父親が好んで通ったカフェも、どこも入ることができず、一軒だけ入店お断りの札を下げていない小さなコンディトライ・カフェを見つけ、毎日そこに通った。

マルギットは父親がいたブーヘンヴァルトがどんなところだったのか聞きたくてたまらなかったが、父親は一切話してくれなかった。後年に母親から、父親は警察に出頭した際、収容所でのことは一切口外しないという書面にも毎日署名させられていたと聞かされた。当時はまだ大量虐殺こそ行われていなかったが、誰かがパンをひとつ多く受け取っただけで拷問に遭い、木に吊るされ、地獄のような毎日だったという。

父親はマルギットに家族の歴史を毎日語って聞かせた。自分たち家族が代々この町でどんなふうに生きてきたかとか、父親の名の「フリッツ」は、国民から広く愛されたフリードリヒ大王の愛称であり、祖父がドイツ人である誇りを持って父親に付けた名前だったことなど、これまで聞いたこともない自分たちのルーツについての話に、マルギットはワクワクしながら耳を傾けた。

数週間後に別れが迫っているのに、マルギットは父親と過ごす毎日が楽しくて仕方なかった。

しかし実際問題として、父親は並行して移住の手配をしなければならなかった。期限内に出国しなければ再び強制収容所に連れ戻されてしまう。母親は持ち前の行動力で奔走し、ついには上海行きの通行証を手に入れた。

その頃、ユダヤ人が移住できる国は限られており、アメリカやカナダなどが選択肢としてあったもののビザの取得に千ライヒスマルクほどが必要だった。ところが上海行きは、滞在ビザ自体は不要だった。父親の場合は出国にあたり、上海に行くという目的を示した証明書の提出が必要だったが、それはわずか十ライヒスマルクで入手することができたという。

当時、上海は日本の占領下であったから、マルギットの母親は、日本大使館にも通い詰めたことだろう。

移住先までの渡航費や現地での当座の生活費も必要であったから、その上、ビザの発行手数料として千ライヒスマルクの出費となると、マルギットの家の家計ではとてもではないが無理な話で、高額を要求されない上海行きは夢のような話だった。

将来の見通しが立ち母はすっかり安堵したが、父は取得したパスポートに衝撃を受けていた。そこには赤い色をした「J」の文字が大きく刻印されていた。〝Jude《ユーデ》〟、「ユダヤ人」の頭文字だ。また、ユダヤ人と即座に判別できるよう、ユダヤ人女性には「サラ」、男性には「イスラエル」のセカンドネーム使用が義務化され、父親の名前は「フリッツ・イスラエル」になっていた。

代々ベルリンに暮らし、ドイツ国籍を持ち、フリードリヒ大王の名を授かって育ち、ドイツ人であることに誇りを持って出征した父親であっただけに、「ユダヤ人」という罪状を突きつけられたような気持ちになった。

四週間はまたたく間に過ぎ、1939年2月6日、父は上海に向けて旅立った。まずは鉄路でイタリアへ向かい、ジェノヴァの港から上海行きの船に乗った。

マルギットはいとこと一緒に長距離列車の発着駅まで父親を見送りに行った。母はゲシュタポの監視を恐れて出かけなかった。

「ギッテマウス、英語を勉強しろよ」

別れ際に父親はマルギットを抱擁し、そう言って微笑みかけた。

「ギッテマウス」の「ギッテ」は「マルギット」の「ギット」から、それに「ネズミ」を付けてはギッテマウス。父親はマルギットが幼い頃からいつも好んでそう呼んだ。

英語を学べと言ったのは、上海で一緒に暮らすためだ。

マルギットはいつまでも手を振って遠ざかる列車を見送った。

マルギットはまた学校に通い始めた。

みんなと一緒にクラスに居ても、誰もマルギットと目を合わせない。居ないと同じ、透明人間のようだった。けれども彼女には、英語を習得するという重要な使命があったから、そんなことはどうでもよかった。英語の授業のある上級クラスに上がることだけが目的だった。

そんな中、思いがけず嬉しいことがあった。クラスメイトの一人、ヘルガが誕生日に呼んでくれたのだ。

彼女は家庭用暖炉に使う炭を売る店の娘だった。店といっても炭は店先で買っていくものではない。注文を受けるとヘルガの父親が炭を車に積んで注文主のアパートの地下室まで配達する。

マルギットがヘルガを訪ねると、炭で真っ黒な作業着を着た父親が店にいた。友だちがいなくなって久しいマルギットは、ここでもまた冷たい扱いを受けるのかと怯えたが、それを察したのか父親は作業服に付いた炭を手に取り、自分の顔にベタリと塗り付けてみせ、

「炭を要らねえって奴はいねえ。俺はどこでも必要とされている。クソッタレどもにつきあう必要もねえからな」

と笑い飛ばし、ナチスとは関係ないということを、ひどいベルリン訛りと態度で示して安心させてくれた。以来、ヘルガはマルギットの無二の親友になった。

上海に到着した父親から手紙が届くようになった。

最初のうちは無事到着した喜びが込められていたが、次第に、生活環境は理想的とは言えないことや、職が見つからず生活に困窮していることが綴られるようになった。

そしてあるときの手紙に、煙草店の地下に隠した古本を送ってほしいと書かれていた。いくら探しても職が見つからないので、自身で貸本屋を始めたいとのことだった。

父のリクエストを母が整理し、五、六冊ずつの小包を作って、マルギットが郵便局に持っていった。子どもには重労働だったが、ヘルガが厭わず手伝ってくれた。度重なる発送であるため怪しまれることがないように、その都度郵便局を変えながら送り続けた。それらは不思議なくらい、どれも無事に父のもとに届いた。


春が来た。現代ではドイツの入学・進学シーズンは秋だが、あの頃は4月、イースター休暇の明けたあとがそのシーズンだった。

英語を学びたければ小学校を4年で終えて、大学進学のための中高一貫校「ギムナジウム」に進学する必要があり、成績は良かったマルギットは問題なく入学できた。

ところが一週間後、ユダヤ人であることを理由に退学させられた。

実は前年の11月15日から、ユダヤ人児童はドイツの学校に通ってはいけないという法令が施行されていた。これまで通学できていたことのほうが奇跡だったのだ。

ギムナジウムを退学させられ、元々通っていた小学校へ戻ろうとしたが、こちらも復学が認められず、ユダヤ人学校へ進学するしかなかったが、子どもまで奪われてしまうことを母親は非常に恐れ、マルギットは小学校中退者になった。

そして9月1日、ドイツ軍がポーランドへ侵攻し、それに対しポーランドの同盟国であるイギリスおよびフランスが宣戦布告したことにより、第二次世界大戦が勃発した。

これを機に小包郵便の受付が中止となり、本を送ることができなくなった。

翌年秋には集団疎開で町から子どもたちが消えた。親友だったヘルガもいなくなった。マルギットは毎日母親の煙草店に座って過ごすだけの日々が続いた。周辺のユダヤ人もどんどん連行されてゆく。町にはナチスの自警団があり、熱心なナチ党員が団員として管轄ブロックを巡回し、ユダヤ人の動きに目を光らせていた。マルギットのこともゲシュタポに告げられ連行されてしまうのではないかと母親は気がかりで仕方なかった。

1941年6月22日に独ソ戦が始まると、普通郵便も出せなくなり、父親との連絡は赤十字が行っていた書簡サービスだけが頼りとなった。

これは四週間に一度だけ二十五単語までの短文を送ることができるサービスで、一単語でも多すぎると受け付けてもらえず送り返されてきた。それでできるだけ多くのことを伝えるよう文章を吟味し、何度も数え直してから清書して発送した。

母親はこの頃、上海に行かなかったことを非常に悔やんでいた。

しかし実際には、上海ではユダヤ人人口急増が問題になっており、父親が出発した直後に入国規制が布かれた。父親が渡航できたこと自体が奇跡だったのだ。家族みんなで上海に住むことは、いずれにしても不可能だっただろう。

同年10月にはベルリンのユダヤ人をヨーロッパ各地にある強制収容所へ送る、列車移送が始まり、ポーランドにはアウシュヴィッツの絶滅収容所が完成した。それに並行してユダヤ人のドイツ出国が禁止となった。

毎日夥しい数のユダヤ人が列車に詰め込まれ強制収容所のある地へと送られていき、１９４３年初頭にベルリンの町に残っているユダヤ人は、市内で強制労働に就いている者と、両親のどちらかもドイツ人である親を持つ子どもだけとなった。

そして2月27日、ベルリン中のユダヤ人が消えた。

早朝に工場から連行されアウシュヴィッツへと送られていった。ベルリンにおけるユダヤ人一掃作戦が始まったのだ。

そんなある日、母親の店に煙草を買いに来た男がマルギットの存在に気づき、自分のところで匿いたいと申し出た。

男は化学工場の経営者で、この工場は元々、恋人の所有だったが、彼女もまたユダヤ人で、迫害を恐れて亡命することになり、男が工場を引き継いだ。恋人は男との別れ際に、工場をユダヤ人のために使ってほしいと言い残したという。

このままではゲシュタポの連行も時間の問題と感じていた母親は、マルギットをこの経営者に託すことにした。

その工場は母親のもとから徒歩三十分くらいのところにあり、工場の中の一室がマルギットのために用意されていた。ベッドと椅子と机が置かれただけの小さな部屋だったが、マルギットには十分で、従業員も事情を知っており、みんな親切にしてくれた。

毎日従業員が部屋に届けてくれる食事は、食料事情が悪化する中での母との生活より豊かなくらいだった。昼間は工場で従業員らが働く音や声も聞こえてきたが、夜はみな帰宅し静まり返っていた。

そうして二年ほどが過ぎたある日、母親から工場に電話がかかってきた。

母は敵国放送として禁じられているＢＢＣのラジオ放送を独り密かに聞いていた。するとと大空襲を予告していて、嫌な予感がして仕方がないから戻ってこいと母は言った。そこでマルギットは従業員たちが帰宅するのを待ち、夜の闇にまぎれるようにして母のもとに走り帰った。そして空襲警報が発令されると母と共に住まいの地下の防空壕に入った。果たして母の予感は的中し、この夜の空襲は凄まじいもので、町は広範囲にわたって被害を受け、夥しい数の犠牲者が出た。マルギットが匿ってもらっていた工場も壊滅した。あのまま残っていたらマルギットは建物に押しつぶされて死んでいたことだろう。

マルギットはそのまま母のもとに残り、１９４５年５月２日、ベルリンは無条件降伏し、８日にドイツは終戦を迎えた。

父親からの便りは、１９４４年４月４日付で出された手紙を最後に途絶えていた。

戦後、母親はすぐに離婚を撤回しコーン姓に戻り、父親の行方を捜し求めた。

けれども手がかりがないまま月日が流れ、翌年になってからようやくユダヤ人協会から手紙を受け取った。

父親は１９４４年の９月にすでに亡くなっていた。結核だった。

離婚していたため母親は連絡の対象者にならなかったという。

三年後、母は別のユダヤ人と再婚した。父とはまったく似ていないが、父に負けないほどの優しさを持った人だった。

小学校中退だったマルギットは、その後、勉学に励み、大学に進んで、心理学を学び精神療法士となった。のちに結婚し、五人の子に恵まれた。

ある夏のお天気の良い日にテラスに腰かけお話を伺った。

ジープナーさんは現在八十六歳。

子どもたちはみな独立し、夫も他界して一人暮らしをなさっていた。

お孫さんは三人いるそうだ。

ジープナーさんは、一時期は上海での父の様子を知ろうと、方々に問い合わせ、上海からの帰国者に会いに行ったこともあるという。

ドイツ人の貸本屋がいたことをうろ覚えに記憶していると言った人はあったが、直接的に知る人とは巡り会うことはできなかったそうだ。またあるときは、上海で見かけた貸本屋はこんな感じだったと、記憶に近い写真を送ってくれる人もあったという。

ジープナーさんはその写真を父の形見であるかのように大切に保管している。

「ギッテマウス、英語を勉強しろよ」

ジープナーさんは父親の声を真似てそう言うと、懐かしさから小さく笑った。

## アンドレ・ロイジンクさんの場合——森と大人たちの陰に身を隠した命

アンドレの両親はどちらも、ニュルンベルク法でいうところの「完全ユダヤ人」。よってアンドレも「完全ユダヤ人」ということになる。

アンドレは1938年、パリに生まれた。

池田理代子のコミック『ベルサイユのばら』の大ヒットで、「アンドレ」は男性名のイメージが強いかもしれないが、女性名としても存在し、ここでのアンドレは女性である。フランスで生まれたことからフランス特有のこの名が付けられたのだろう。しかし彼女はフランス人ではないし、生まれはたしかにパリだが、果たしてパリが彼女の「故郷」といえるだろうか。それはこれから綴る彼女の体験からご判断いただければと思う。

父親はドイツのケムニッツ出身で、母親はベルリンっ子。その上の代はそれぞれ住んでいた国さえ異なり、祖母の一人はイギリスの出だが、もう一人はフランス。祖父の一人はポーランドでもう一人はルーマニア。ヨーロッパ内とはいえ実にインターナショナルな状態だ。これはアンドレの家系だけの特殊なケースというわけではない。むしろユダヤ系民族の宿命ともいえるのかもしれない。多くのユダヤ人たちは現在に至っても、親戚縁者を広範囲に持ち生きている。

父方の家系がドイツに定住するようになったのはもうずいぶん昔のことだが、母方の家系がドイツに移住してきたのは、第一次世界大戦が終わってから。1923年にドイツ国籍を得て晴れて「ドイツ人」になったという。

ベルリンとケムニッツは二百七十キロメートルほどの距離があるが、この二人が出会ったのは、どちらの家族も政治に強い関心を持っており、その影響で両親共に青年期にはすでに政治的運動に参加していたことからだ。

父親は共産主義を支持し、母親は社会民主主義者。国家社会主義ドイツ労働者党すなわちナチスが勢力を伸ばし始めたことに抗議する運動に参加したときに知り合った。１９３１年のことで、そのとき父親は十六歳、まだ高校生だった。

母親は裕福な家庭に育ったが、父方はそうでもなく、二年後のちょうどナチ党が政権を獲得した年に卒業し、手に職をつけるべく印刷業の修業に入った。

ドイツの手工業は徒弟制度／マイスター制度を布《し》いており、見習い、一人前、マイスターと順に称号を得ていく。見習いの間も給与は付くが、お小遣い程度の薄給である。

一人前の職人とみなされるためには「一人前」になるしかないと、父親は修業に励んでいたが、これからやってくる時代がユダヤ人にとって心地よいものではないことは一目瞭然であり、親戚らは早々にドイツを離れパレスチナに移住していった。これは当時「イギリス委任統治領パレスチナ」と呼ばれ、のちにイスラエルとなった領域だ（１９４８年建国）。

父親が印刷工として「一人前」の資格を得た1935年、アンドレの両親は結婚し、これを機にすでに移住している親戚を頼ってパレスチナに移り住むことにした。

この頃のドイツはユダヤ人排斥が過熱し国外退去をむしろ奨励していた。しかしユダヤ人にとっては、申請すれば出国許可は下りるものの、家財道具も二束三文で取り上げられ、資産の持ち出しが禁じられ、小旅行程度のものしか持ち出せないような状態だった。ナチス・ドイツはこうした形でユダヤ人から財産を収奪していたのだ。

それでもドイツに踏みとどまるよりは賢明だと判断し、ドイツ出国禁止令が施行される1941年10月23日までに、多くのユダヤ人が国外へ脱出していった。

ベルリンからの強制収容所行きの列車移送は、出国が禁止される五日前に始まった。

この頃にはアウシュヴィッツの絶滅収容所も開所し、「ユダヤ人問題の最終的解決」と呼ばれたユダヤ人大量虐殺が始まっていた。出国禁止令が布かれた後は、「移住」ではなく「亡命」と呼ばれることになる。

結婚当初のアンドレの両親は、年齢も若く稼ぎもわずかで、ナチス・ドイツに資産を取り上げられるどころか、出国のための渡航費さえ持ち合わせていない状態だった。それらの費用は先に移住を果たしていた親戚が工面したらしい。

ところが、新天地のはずのパレスチナの気候が父親には合わなかった。しばらくすると父親は体調を崩し、悪化の一途を辿り、入院を余儀なくされた。半年の入院生活の末、このままこの土地に暮らし続けるのは到底無理だという結論に達し、二人は再びヨーロッパに戻ることになる。しかしドイツに戻るのは危険であるから、エジプトからスペイン経由でフランスを目指すことにした。それが１９３６年末のことだ。

フランスに辿り着いた二人は、南フランスで形成されていたナチス・ドイツに対するレジスタンス運動に参加しながらパリに向かい、パリ市内に居を構え、ようやく落ち着いたところで母親が身ごもった。これがアンドレで、１９３８年に生まれた。

アンドレが生まれた翌年の9月に第二次世界大戦が勃発し、フランスもほどなく参戦したが、それは新聞やラジオの中での話で、戦地から遠いパリの町では平穏な日々が続いていた。

そして１９４０年、アンドレの母親は第二子を懐妊した。

ところが6月、パリの町にドイツ軍が突然大挙してやってきた。ナチス・ドイツがフランスに侵攻し、ドイツが圧倒的な勝利を収めての敵国首都への入城だった。

ドイツ軍に町を完全に占拠され、ユダヤ人である両親はゲシュタポに見つかり連行されることを恐れて、慌てて南フランスへと逃亡した。

昔の仲間のところに身を寄せ、レジスタンス運動に参加していたが、ついにはドイツ軍に捕まり、母親はドイツ兵らに強姦された。

身重だった母親は流産し、死亡した。


父親はアンドレを施設に預け、レジスタンス運動を続けた。

母親を喪い、父親とも離れ離れになってしまったアンドレだったが、それでも最初の頃は施設という「住まい」があるだけ幸いだった。いよいよその地方に危険が迫ると施設は閉所されることになり、アンドレは地元のパルチザン部隊に引き渡された。父とはまったく別行動で、部隊の仲間に支えられながら移動を繰り返し、ときに森に潜んで身を守ったという。

そして1944年、父が病気になり、ユダヤ人であるため病院での治療が受けられず、パルチザン部隊の仲間がスイスの国境まで送り届けることになった。

そのときアンドレも一緒に連れて行かれることになり、ようやく父親との再会を果たした。けれどもスイス入国後、移住申請の期間中収容される抑留所に入ったアンドレはそこで病気になり、チューリッヒの一般家庭へと引き取られることになった。こうしてまたもや父娘は離れ離れとなった。

それきり父親の消息は知れず、翌年に戦争が終わっても父親が迎えに来ることはなかった。アンドレはそのままスイス人家族のもとで暮らしていたが、終戦から三年経ったある日、突然、祖母が訪ねてきた。

祖母といってもアンドレにとっては初対面だ。ナチ時代にロンドンに亡命していたが、戦後、またベルリンに戻っていた。アンドレの父親もまた戻ってきているから、一緒にベルリンに帰ろうと打診された。

当時のアンドレはまだ幼く分からなかったが、病気になったアンドレがスイスの一般家庭に引き取られることになったのは、この祖母の手配によるものだった。

養父母は、アンドレを養女として引き取ったわけではなかったから、アンドレを引き留めることもせず、アンドレは祖母と共に未知の土地ベルリンに「帰る」ことになった。スイスを発つとき、アンドレは十歳になっていた。

ベルリンは、父親にとっては結婚当初、母親と暮らした住み慣れた町だが、アンドレにとっては見るのも初めて。度重なる空爆に加え、終戦間際には激しい銃撃戦も繰り広げられ、家屋の損壊が著しく、都心部に至っては九〇％の家屋が全壊した。

アンドレがやってきた１９４８年はまだその傷跡も生々しく、町の至るところが廃墟のまま放置されていた。

とくにアレクサンダー広場周辺は壮絶を極め、その光景は子ども心にも衝撃を受けた。それはもう、「ショッキング」としか言いようのない惨憺たるもので、建物はことごとく崩落し、どこもかしこも瓦礫の山で、かろうじて若干の形を残している建物の壁からは錆びた鉄材がぶら下がっていた。通りも倒壊した家屋のレンガブロックでふさがれ、車一台がなんとか通れる幅だけ瓦礫が脇に寄せられている状態だった。


祖母に伴われ廃墟の間を縫うようにして、ようやく父のもとに辿り着くと、懐かしいはずの父の傍らには、小さな女の子と美しい金髪女性が立っていた。

父親には新しい家庭ができていた。

すぐに父のもとで暮らし始めるわけにもいかず、当初は祖母と住まいながら父を訪ねる格好になった。そして父親がアンドレも自分の娘であるから引き取りたいと言ったことから、アンドレも父親の家族の一員となった。

けれどもそこは、アンドレにとって安住の地にはならなかった。アンドレを受け入れてくれたのは父親だけで、アンドレがおぼろげに記憶する温かい家庭とはほど遠い、殺伐とした毎日が待っていた。

アンドレは子ども心に、この家に流れる冷たい空気は、アンドレが自分の産んだ子ではないことによる継母の「女としての敵対心」からくるものだけではない気がしていた。この家では、なにかが少しずつ、「普通」とは違っていた。

たとえば、両親の寝室に、継母が別の男と一緒に写る写真が飾ってあった。

継母が父親ではない男性と並んで微笑んでいることもそうだけれど、なにより不思議だったのは、その男がナチスの軍服を着ていたことだ。幼いアンドレが森の中を逃げ惑い、怯えて過ごした日々に、敵の男たちが着ていたあの服だ。

後年に父親から聞かされた話によると、父親が継母と知り合ったのは、戦争が終わり、父親がスイスからベルリンに戻った直後のことで、ベルリンでの生活をスタートさせるにあたり市民として必要な手続きを踏むために出向いた役所の中だった。

継母から話しかけられたのがきっかけだったが、彼女が美人だったことが大いに手伝い、連絡を取り合うようになった。打ち解けて話すうち、すぐさま恋人の関係へと発展した。

美貌だけでなく智にも富んだ女性で、1943年には博士号を取得しているという。かつて婚約者がいたとも聞いていた。ナチスの親衛隊員として南フランスに侵攻した際に、地元のパルチザン部隊に射殺されたとのことだった。

そしてあるとき継母から妊娠を告げられ、二人はすぐに結婚した。

ところがなぜかその子は生まれず、アンドレの妹となった子は、その後に改めて妊娠して生まれた子だという。

要するに父親と継母の恋愛や結婚は、純粋な愛情からくるものではなく、父親は継母に利用されたのだ。

ドイツの敗戦後、非ナチ化と呼ばれるナチ体制の排除の動きが出てくるが、終戦直後のベルリンでは、ナチ党員は逮捕されるか、免れても瓦礫処理や死体の埋葬といった苦役を強制的に負わされたことから、実は陰でユダヤ人を助けていた、あるいはナチに反抗する態度を示していたという証明を取るために躍起になっていた。

継母の元婚約者はナチスの親衛隊員であったし、継母自身も１９４３年というナチス・ドイツ時代の真っただ中に博士号を取得したことから熱心なナチ党員であったに違いない。

ユダヤ人との婚姻は忌まわしい過去を消し去るに好都合な要素であり、当時の彼女にとって必要不可欠であったため、偽装妊娠までして結婚を迫ったのだろう。

逆に、父親にとってみれば、婚約者を射殺したのはパルチザン部隊のメンバーとして戦闘に関わっていた自身かもしれないという負い目があったのかもしれない。

そのことが、最初の妊娠が嘘であったことに対しても、かつての婚約者の写真を寝室に飾るという異様な態度に対しても、父親を寛容にさせたのだろう。……もう一捻り考えるなら、南フランスでパルチザン部隊に射殺されたという話自体が虚言であったり、そうでなくても、アンドレの母親を強姦し死に至らしめたのがまさしく継母の婚約者であったということもあり得るのだが。今になってもこの継母との数年を思い起こすたびに、アンドレの中に解決しきれない澱んだ思いが渦巻くという。

父親のこの夫婦関係は長くは続かず、1953年にこの継母と離婚した。そしてほどなくして再々婚するが、これもまた失敗し、そしてまた……と生涯に四度結婚し、それぞれ一人子どもを授かった。

アンドレは、多感な年頃であったとき、父親が戦後にベルリンに戻ってきたことに対して、父親とたびたび口論したという。この思いはアンドレだけでなく、イスラエルにいる親戚たちも同様で、同胞を死に追いやったドイツに再び住み始めた父が理解できないと非難し、それに応じなかった父親は親戚づきあいから外されていった。

父親の政治的思想を考えると、フランスに住むべきというのがアンドレの訴えるところだったが、父はぜったいに譲らなかった。

ドイツが東西に分裂した時代、父親の住まいは東ドイツに属し、社会主義的思想は父親の望むところでもあったし、なにより、父は戦後作家になることを夢見ており、父親にとってのフランス語は外国語だったが、ドイツ語は母国語、自由に操り表現できる言語であった。

アンドレは学業を終えると早々に自立し、父親との交流は続けたものの父親の家庭とは距離を置いた。

父親は夢を叶え、作家として東ドイツの時代を生きた。

---

ここまで話して、ロイジンクさんは本棚に目をやった。

父親の著書が何冊か並んでいる。本棚の前に立ち、一冊取り出して見せてくださった。著者、すなわちロイジンクさんの父親の名はシュテファン・ヘルムリンと書かれていた。

ロイジンクさんは謙遜してだろうか、父親は詩やエッセイを書いて、少しは社会的にも認められていたようだと、やんわりとおっしゃっていらしたが、帰宅してインターネットで調べると、どこにも揃って東ドイツを代表する作家の一人と書かれていた。

ロイジンクさんは大学に進み、教師となり、ロイジンクさん自身もベルリンにとどまり続けた。

彼女の体験は、偶然が彼女の命をつないでいるとはいうものの、親の愛情を受けて育つことができなかった過酷な運命ばかりが目立ち痛々しいほどだった。戦後ベルリンに戻った父親に抵抗し続けたロイジンクさんもまたこの町に残り続けたということは、長い年月の中で自分なりの和解が得られたのだろうかと尋ねてみたところ、険しい表情が返ってきた。

同胞を迫害し母を殺したドイツのことを、未だに微塵も赦していないとロイジンクさんは断言した。ただ憎しみの感情を思い起こさないように生きてきたのだと。

ドイツ以外の国に移住することは考えなかったのかと、慎重に、言葉を選びながら訊いてみると、「戦争が終わったとき、自身の記憶にあるのは父親だけで、その父親がドイツで自分を待っていると言われたら、子どもは国を選べないわ」と彼女は答えた。そして成長に伴い、その土地の言葉が母国語となると、外国語が話されている土地へ移るのは難しくなると。

「それでも、こうしてドイツに生きていらしたということは、やはりどこか妥協なさる部分もあって……」

もう一度訊くと、あるいは少しは違った、少しは救いのある言葉を聞くことができるのでは……といった気持ちで言い始めたが、まったくの過ちだった。

ロイジンクさんは怒りを込めた溜息をひとつ漏らし、

「ですから何度も言うように！」

絞り出すような声で私の言葉を制し、「ドイツのことは、戦前も戦後もそして今も、まったく赦してはいないし、憎しみしかないわ」と言った。

「とにかく私はここには居ない、肉体として存在していても。私の精神はここにない。私はドイツのどこにも目を向けない。何も見ない。ただ生きているだけ。死ぬまでこうして生きているだけ」


このとき、時計の針は動いていたのだろうか。


文章を書く仕事に就くようになって十数年、これまでいろいろな方にお目にかかり、話を伺ってきたが、こんなにも痛く、冷たく、重い声を聞いたのは初めてだった。

何か言おうと思っても、どんな慰めの言葉も、どんな励ましの言葉も、この人の歩んできた人生の前では陳腐に響いてしまうだけだ。そう思うと、頭の中は実に空っぽで言葉にならない。

ペンを握ってノートの上にのせた手がかすかに動くだけで、紙ずれの音が響くように耳に届く。沈黙が長くなると気まずいような気になって、どうしたものか……と思ったところでドアのベルが鳴った。

ロイジンクさんが席を立ち、私は密かに安堵した。

彼女が戻ってくるのを待ちながら、彼女の職業が教師であったことを思い出す。

自身の生きている国を憎みながら教師を務める……生徒にとってどのようなものだろう。希望を持って生きていくということを生徒は学ぶことができるのだろうか。

そう思っているところに、「意外に早く終わっちゃって」と、玄関先から男性の声が漏れ聞こえた。

「まだ面会中だったのよ」

「ああ、悪かった、出直そうか」

「まあ、いいわよ、お入んなさい」

男性と会話しながらロイジンクさんが戻ってきた。後ろから中年の男性が入ってきて、私も立ち上がって挨拶をした。

ロイジンクさんには子息があったのか……と思ったら、かつての教え子だと紹介された。

ロイジンクさんは取材させていただいたとき七十八歳。教職を定年になって久しいが今も教え子の数人とは交流があり、みんな気さくに恩師を訪ねてくるという。

ロイジンクさんが彼のための飲み物を用意するためキッチンに消えたしばらくの間、この男性とおしゃべりして過ごした。

何の取材かと訊かれ答えていると、この男性がなるほどと微笑みながら、「ロイジンク先生は本当に善い人でしょう」と言った。

子どもの頃家族のことで悩んでいたとき、一番親身になって考えてくれた先生がロイジンクさんだった。感謝の気持ちは今も変わらず、連絡を取り合い、年に何回かは訪ねてくるとのことだった。妻が重い病に罹ったときもいろいろ相談に乗ってもらい、今日もまた相談したいことがあっての訪問だと言った。

ドイツを憎みドイツに居ないと言ったロイジンクさんだったが、教師としては子どもたちに愛情を注ぎ、生徒一人一人の心の中にはしっかりと存在していたのだと知り、心から安堵し、嬉しくなった。

## マルギット・コルゲさんの場合――シスターたちの守った命

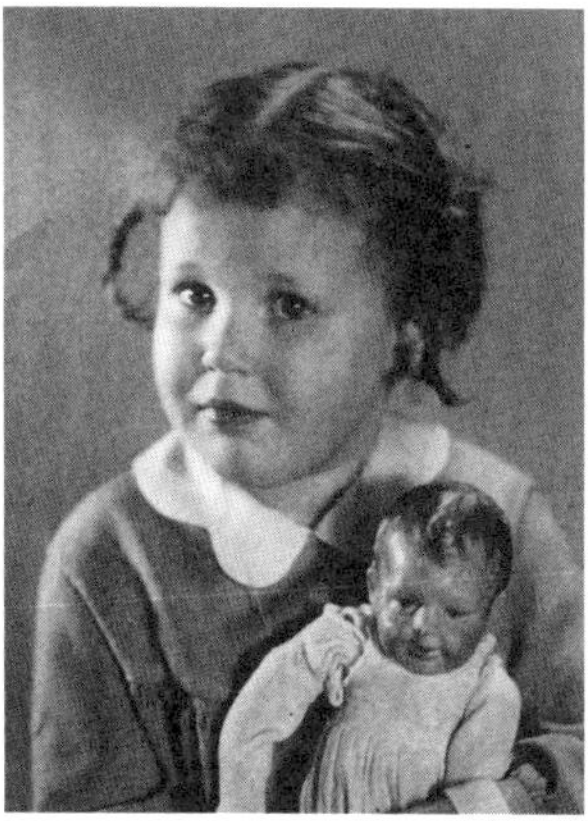

マルギットの母親は、ニュルンベルク法でいうところの「完全ユダヤ人」。父親は「純血ドイツ人」、いわゆる「アーリア人種」である。よってマルギットは第一級混血、「二分の一ユダヤ人」ということになる。

1933年、ヒトラー内閣が成立したとき、マルギットは三歳だった。

年齢的には幼いが、マルギットはこの時代の緊張感を子どもなりにしっかりと感じ取っていた。ナチスが政権を握るや、ユダヤ人の教師や公務員が職を奪われ、焚書事件が起き、反ユダヤ運動が広がる中での両親の課題は、マルギットをどのように守るかということだった。とくに19

35年にニュルンベルク法が制定され、ユダヤ人から人権が公然と剝奪されてからは、近い将来母親やマルギットの身におよぶ危険が如実に感じられるようになったため、1937年にはマルギットを匿ってくれる施設を本格的に探し始めた。このときマルギットは七歳になっていたから、母に手を引かれ施設の見学に行ったこともはっきりと覚えている。

そしてようやく見つかったのは、ベルリン西部シャルロッテンブルク区のテオドール・ホイス広場から歩いて数分のところにあるカトリック系の学校の学生寮だった。ここでは六人のシスターが二十六人の子どもたちを預かっており、そのほとんどがユダヤ人の子どもだった。

この宿舎は、元々は1910年代にある弁護士が建てた個人宅で、地下にはプールが完備されていた。

シスターたちは子どもたちを隠すために、プールに水を張る代わりに、プールの底にマットレスを敷き詰め、子どもたちが並んで眠れるようにした。空襲時も防空壕として使うことになっていた。

「水晶の夜」事件以降、町はユダヤ人にとっては危険な状態となり、マルギットの母親は1939年に単身アメリカに移住していった。

1941年のある早朝、ゲシュタポが突然、寮に現れた。

プールの中に眠るマルギットは、扉越しに聞こえる喧騒で目を覚ました。

「ダメです。ここはダメです。入らないでください！」

シスターの押し殺すような叫び声が廊下に響き、扉が開け放たれると足音が近づいてきた。寝ぼけ眼で見上げると、革のコートを着た男が二人、前に差し出した腕を上下に動かし、横たわるマルギットたちを数えながら、ゆっくりとプールサイドを歩いた。

男たちは、数えることのほかは何もせず、そのまま帰っていった。シスターはドアの外で泣いていた。

シスターたちは、普段は大変物静かで感情をあまり表に出さない人たちであったのに、このとき初めて声を上げ、その後泣いている姿も見たので、子どもたちの動揺も大きかった。かといって何かが起きたわけではない。たったそれだけのことだった。

けれどもシスターから連絡があったのか、ほどなくして祖父が学校に現れ、マルギットの荷物をまとめると、マルギットを祖父母の家に連れ帰った。その日から、祖父母のもとで暮らすことになった。

後年、あのときのシスターたちはザクセンハウゼンの収容所へ送られ、学校組織も閉鎖となったと耳にした。

マルギットが身を寄せたのは父方の祖父母で、二人ともアーリア人種であったから祖父母自身は人種のことで身の危険を感じることはなかったが、母方の祖父母は、この年の10月18日に連行され、ベルリンで始まったユダヤ人の列車移送の初日の列車に乗せられウッチ・ゲットーに送られ虐殺された。

祖父母の家は、ベルリンの都心部フリードリッヒスハイン区の大通りに面したアパートの四階で、街路に面した部屋が二つと中庭に面した部屋が二つあり、老夫婦には広すぎるほどのゆったりとした住まいだった。

ユダヤ人であるマルギットがここに引き取られてきたことは近所に内密であったから、マルギットは外で遊ぶことが許されず、毎日奥の部屋で絵を描いたり本を読んだりして過ごした。

マルギットの父親はベルリナー・ターゲブラット新聞の編集者で、海外特派員としてルーマニア・ブカレストに駐在した時代もあったが、この頃は、軍隊向け記事を担当しており、そのため出征は免れベルリンにいたが、娘に会いに来ていることを知られるのを恐れ、滅多に顔を出さなかった。その分、祖父母がよく一緒に遊んでくれた。また、隣人に気づかれ素性を知られることがないよう、祖父母はマルギットのことをレベッカと呼んだ。

こうして二年ほどはそれなりに平穏な毎日が続いたが、次第に問題が生じてきた。

ここでも他のアパート同様、地下室が防空壕として使われており、空襲警報が鳴ると、住人はみな地下に避難した。けれどもマルギットは一緒に下りるわけにはいかない。祖父母も地下に下りずマルギットと一緒にいてやりたいが、地下室には住人全員が集まるため、欠けているとすぐ分かり、心配した隣人が訪ねてくる原因にもなる。それで、空襲警報が鳴ると祖父母は地下室へ行くしかなく、マルギットは独り部屋に残るしかなかった。

祖父母の家にやってきた当初は空襲もまださほどの数ではなかったが、1943年以降は度重なるようになり、祖父母は部屋に残したマルギットのことが心配で仕方なかった。

そこで祖父が一計を案じた。

祖父はラジオ放送をマメに聞くようにして、ラジオの伝える敵機の様子に注意を払った。ラジオは、敵機がブラウンシュヴァイク上空を通り過ぎるタイミングで最初の予告を放送していた。祖父はこれを聞くと、住人が地下へ出かけるより先にマルギットを外に連れ出し、地下室の中でも、住人らが滅多に足を踏み入れることがない暖炉用の炭が置いてある部屋にマルギットを隠すことにした。

ところが空襲がひどくなり始めると、別の住人が犬を連れて下りてくるようになった。けれども犬を嫌う隣人がいたため、飼い主は炭置き場に閉じ込めた。この犬が、先に来て陰で潜んでいるマルギットの気配を感じて激しく吠えたてた。噛まれることはなかったが、子どものマルギットにはこの犬が恐ろしくてたまらなかった。

空襲警報が解除されても住人らがみんな地下を出るまで迎えに来てもらえず、それが毎日のように繰り返されると、マルギットの神経はおかしくなり、時として気が狂ったように笑い声を上げるようになった。そのたびに祖父はマルギットの頬を叩いて正気に戻した。

そして1944年の暮れ、祖父母が外出から帰宅すると、ドアに紙きれが挟んであった。そこには、「レベッカ、そこに居るのは分かっている」と書かれていた。

誰かの嫌がらせなのか善意から知らせてくれたものなのか真意が摑めなかったが、これ以上手元に置いておくのは危険だと感じ、祖父は急きょ、疎開先を探した。

連れて行かれたのはザクセン州のバート・ブラムバッハという村で、農家に預けられた。

マルギットは家人らの住む家の中に入れてもらえたものの、物置に閉じ込められた。周囲を古い家具が取り囲み、真ん中に小さな空間があるだけだったが、トイレに立つとき以外は、一日中この部屋にいた。毎日家主が少しだけ食べ物を与えてくれた。

窓もなく外の明るさも分からないこの空間で、ひしめくように並んだ家具が倒れてくる夢を見てうなされることも多かった。

一度だけ外に出たことがある。

1945年2月13日から14日にかけての夜中のことで、家主がマルギットを起こしに来て、すごいから外に出て見てみろと誘った。

家主の後について外に出て、畑の前に立つと、遠く向こうで夜空が真っ赤に染まっていた。

あれはドレスデンだと家主は指を差し、これで戦争も終わりだ、と呟いた。

数日後、家主はマルギットに戦争が終わったから家に帰れと言った。

そう言われても、十五歳の少女にはどうすればよいのか分からない。けれども祖父はいくら待っても迎えに来なかった。

仕方がないので農家を後にし、マルギットは一人で歩き始めた。とにかく大きな町を目指して。

バイエルン州のどこかの町に辿り着くと、アメリカ軍が町を占領していた。

身分を証明するものを何も持っていなかったので、言われるままにそこで難民申請を行った。

これは3月のことだったから、ドイツ国家としては実はまだ終戦を迎えていなかった。家主は町が陥落したことを「終戦」と言っていたのだろう。ラジオも新聞も周辺になく、その後、いつ戦争が終わったのかも、自身が今どのような状況に置かれているのかも、マルギットは何も分からないまま周りの環境に馴染んでいった。

米軍は、疫病のまん延を恐れ、孤児ばかりを集めて隔離した。マルギットもその一人として引き取られ、昼間は数人ずつの班に分かれて近隣農家の手伝いに行き、夜は宿舎に戻って休んだ。

そこは、ナチス・ドイツが外国人を強制労働させていた建物で、相当な数の子どもが収容されており、みんな藁の入った袋をベッドにして眠った。

子ども同士であるからすぐさま打ち解け、農業の手伝いもマルギットには楽しかった。

孤児の中にもう一人、ベルリン出身の女の子がいた。クリスティーナという名で、マルギットよりひとつ年下の十四歳。彼女はドイツ人で、戦時中にバイエルン州に疎開していたが、米軍侵攻の動乱の中で里親を見失い独りになってしまったのだった。

出身地が同じで年齢が近いこともあり、二人は特に親しくなり、あれこれ話すうちに学校に行きたいという思いが強くなり、二人でベルリンに帰ることにした。

といっても旅費を持っておらず、村人に最寄りの駅まで連れて行ってもらい、パッサウまで電車で出て、そこからベルリンまで歩き続けた。


ベルリンに辿り着いたときは11月になっていた。

東方から夥しい数の避難民が移動してきているため、市内への道はすべて閉鎖され、市内へ入るためには検問所を通らなければならなかった。

二人は通行できるか不安だったが、事情を話すとベルリン市民であったことが認められ、市内へ入場することができた。

途中でクリスティーナと別れ、マルギットは祖父母のところへ急いだ。

都心へと行けば行くほど廃墟が広がり、街の変わり果てた姿に愕然とした。瓦礫の間を進みながら、祖父母の家ももはや存在しないのではないかと心配でならなかったが、懐かしい場所に辿り着くと、祖父母の住まいは辛うじて残っていた。

五階建てアパートの最上階が吹き飛び、祖父母の部屋が「屋上」になっていて、外壁が崩れ落ち、むき出しになった部屋の内部が、街路からも見渡せた。

階段を駆け上がると、祖父母の部屋の前で階段は終わり、その先には空が広がっていた。お隣は吹き飛ばされて無くなっている。中に入ると街路に面した部屋は野ざらしで、床の半分ほども残っていなかったが、奥の部屋に祖母がいた。


感動の再会を果たしたものの、そこには祖母しかいなかった。

祖父は終戦直前に入ってきたソ連軍に撃たれて死んでいた。ネクタイをしていたのがいけなかったと祖母が言った。父親は行方不明になっていた。

祖母と二人の生活が始まった。

四つあった部屋のうち、街路に面した部屋は二つとも部屋の半分以上が崩落しているので、奥の二部屋を使って生活した。キッチンもないので、部屋の中にレンガを積み上げ、火をおこして調理した。バート・ブラムバッハ村にいた頃は、家具が倒れてくる夢をよく見たが、この頃は、扉を開けると一面に空が広がっているという夢をよく見た。

五階部分が無いため雨漏りがひどく、雨が降るたびにタライをいくつも並べて雨を集めた。

学校へ行きたくて帰ってきたが、日々食べていくだけで精いっぱいだった。

国の配給だけでは足りず、いろんなものを闇市に持っていき食料に換えて飢えをしのいだ。

やっと捜していた父親の消息が分かった。

1945年2月13日のドレスデン大空襲の夜に死亡していた。ドレスデン駅で遺体が発見されたという。

あの日、マルギットがバート・ブラムバッハ村から見た炎の中で父親は死んでいったのだ。

ドレスデンには親戚も知人もいないから、マルギットに会いに行こうとしたのではないかと祖母は言った。

戦後の混乱期を祖母と二人で生き抜いて、マルギットはようやく学校に通えるようになった。

クラスの子どもたちにとっては、ようやく迎えた戦争の終わりだったが、ベルリンにいながらにして町を見ることなく育ったマルギットにとっては、未知の始まりだった。

勉学に励み、大学に進み、教育学を学び、教師となった。

結婚して、子どもに恵まれ、祖母を見送り、今では自身が八十五を超える年齢となった。

今も黒い長靴を見かけるたびにゲシュタポを連想し、あの時代が思い出されて動悸がする。家具に囲まれて過ごした体験が後を引き、長年、閉所恐怖症にも苦しんだ。けれども祖母と暮らした毎日は、辛いことが多かったはずなのに、どれも懐かしい思い出に変わっている。

青空の広がる日に街路樹を見上げると、瓦礫の中でがんばってきた祖母や自分やあの日のベルリンの町が若葉の間に見え隠れすることがある。


---

コルゲさんにお会いしたのは、初めて名前を耳にしてから何か月も経ってのことだ。入院中とのことだったから、会えないままのご縁で終わるような気がしていた。それが退院なさったらしいと人伝に聞き、それでもなかなか連絡が取れなかった。

ようやくお目にかかったコルゲさんは、頭部をすっぽりと覆い隠す帽子を被っていた。

年齢からして慢性的な疾患の治療ための長期入院を想像していたが、入院は頭部の大手術のためで、術後の経過が思わしくなく入退院を繰り返し、つい先日退院したばかりと彼女は言った。

そしてサングラスでも外すかのように気軽に帽子を取って傷口を見せてくださったが、縫合の跡が生々しい上、患部もずいぶん腫れていて、正視するのも辛いほどだった。

体調もまだ本調子ではないという。そのような事情をまったく知らずに約束を取りつけたことを申し訳なかったと恐縮すると、「会えるときに会っておかないと、私には後がないかもしれないから」と彼女は言った。そして先に書き出した話を伺った。

起きてしまったことは取り戻すことはできないから、同じことが二度と繰り返されないために努力するしかないと、話の合間にコルゲさんは言い、自身の身に起きたことは、本来は絶対にあってはならないことで、多くの人が殺されていく中で奇跡的に生き残った自身には、それを伝える使命があるとも語った。

二時間以上もの長時間、無理を押して話し続けたくださった姿勢に心を打たれ、この日聞いた話を、ただ「私が聞いた」だけで終わらせず、他者に広く伝えたいと強く思った。

## フィリップ・ゾンターク氏の場合——母の命と引き換えに

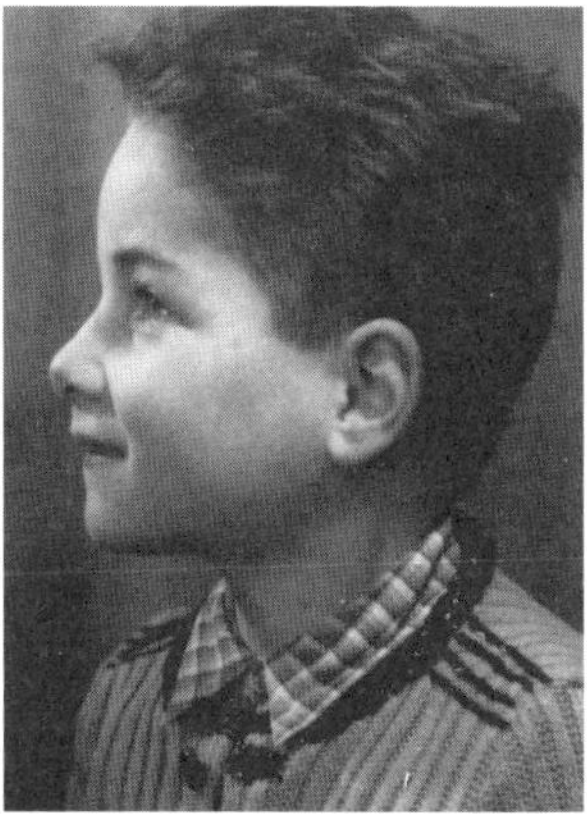

フィリップの父親は、ニュルンベルク法でいうところの「純血ドイツ人」、いわゆる「アーリア人種」で、母親は「完全ユダヤ人」。よってフィリップは第一級混血、「二分の一ユダヤ人」ということになる。

母親には、ロッテ、アルバート、ハンナ、エリザベスの四人のきょうだいがあり、ナチス・ドイツ時代、それぞれまったく違う運命を辿っている。

叔母ロッテには夫と二人の子があるが、ナチスが政権を握って早々にロンドンに移住したため全員無事だった。

伯父アルバートは法学教授で、第一次世界大戦に出征し名誉十字章も受章していたから自分たちの身に何か起こることはないと信じていたが、念のため妻と三人の子と共にオランダに亡命した。しかしそこで子どもは三人とも連行され、アウシュヴィッツで殺された。

逆に、伯母ハンナはベルリンに残り、息子と共に潜伏したが終戦まで生き延びた。

伯母エリザベスの子どもは五人あったが、亡命させた二人のうち一人が不可解な死を遂げ、ベルリンに残した三人は無事だった。


フィリップは1938年12月、ザクセン＝アンハルト州にある小さな町、ハレに生まれた。彼には八歳年の離れた兄がいるが、兄が生まれたときとは世情がずいぶん異なり、ナチ時代に入ってからすでに五年が経っており、11月には「水晶の夜」事件が起き、ユダヤ人排斥の動きもさらに激しくなっていた頃で、ユダヤ人にとって、最も深刻な時期に生まれてきたことになる。

父親は土木技師であったから、1939年9月1日に第二次世界大戦が勃発したのちも国家にとって必要な働き手とみなされ、召集されることなく建設会社の業務に従事していた。

ナチ時代に起きたことは、フィリップは幼かったので、実際の記憶として残っているものは限られてしまう。後年に伯母から真実を聞かされ、それを父に伝えると、父がそれを認め詳細を語ってくれたという内容が多い。

ナチ時代に入ってから、父親は再三にわたり、ユダヤ人である妻と離婚するように政府から迫られるようになっていた。父親はそれを一切拒んできた。父親が離婚すれば、妻が強制収容所へ送られるのは目に見えており、子どもたちの身にも危険がおよぶと考えたからだ。

しかしナチスの要求はますます執拗になり、妻と離婚しなければ、息子をヒンメルファーツ・コマンドと呼ばれるドイツの神風特攻隊に送り込むとまで脅されるようになった。

母親は自分のせいで子どもの命まで脅かされていると、日頃から非常に心を痛めていた。とくに、母の兄である伯父アルバートがオランダに逃げたにもかかわらず子どもたちが連れ去られたと聞いて以来、自身の子どもたちが虐殺されるのももはや時間の問題ではないかと思い詰めるようになっていった。

そして母親はついに究極の選択を決意した。それは自分の命と引き換えに子どもの命を守るということだった。

ある日、母親は服毒自殺を図った。

父親はそれを知っていた。それどころか、その死に立ち会っている。

母親は父親に、自分が死んだらすぐにアーリア人女性と結婚するよう遺言した。そうすればナチスは子どもも二人に目を向けなくなるかもしれない。もし子どもが助かるとしたら、この方法以外にないだろう。

なんとか子どもたちの命を守ってほしい。

これが母親に残された一縷の望みだった。

フィリップはこの日のことをよく覚えている。１９４４年、フィリップが五歳のときのことだ。

昨日まで元気だった母親が、なぜ突然死んだのかはまったく分からない。いや、死んだということさえも分からなかった。父親も周りの人間たちも、「死」という言葉は使わなかった。事情に関しても大人は一切語らなかった。

その日、フィリップは父に付き添われ両親の寝室に入った。

母はベッドに横たわっていて、全身に布が掛けてあり、腕だけが外に出ていた。

父親は“Deine Mutter ist von uns gegangen（母さんは私たちのところから行ってしまった）”と言った。遺体を前に、“von”を付けてこう言うと、「行く」が「逝く」の意味になることを知らなかったフィリップは、出かけるならなぜ“mit uns（私たちと一緒）”に行かなかったのだろうと思った。

父親は「お別れの挨拶をしなさい」と言った。

フィリップはどうすればよいのか分からないまま、布から出ている母親の手に触れた。それを見届けた父親は早々に、「さあ、部屋を出なさい」と言って、フィリップを部屋から追い出した。

母親の死に顔も見ていない。見たのは腕だけだ。あのときフィリップは子ども心に、父親がなにか隠しごとをしていると本能的に感じた。けれども幼かったから、そう感じていることさえそのときはよく分からなかった。フィリップがはっきりと理解できたのは、あの日を境に、母親がいなくなったことだ。

父親は妻の遺言通り、わずか数か月後に再婚した。

自宅のリビングで開かれたお祝いのことをフィリップはよく覚えている。水兵のような襟の服を着せられ、みんなと共にテーブルに座らされた。けれどもそれが何のための集まりだったのかは分からなかった。ただ翌日から、「新しい母親」という女性が家族の一員に加わった。とても若い女性だった。

父親は再婚したとき四十二歳で、新しい母親は二十六歳。父親と十六も離れていた。

新しい母親は、フィリップにとって実は初対面ではなかったらしい。そのときは父親の会社の従業員になっていたが、就職する前は赤ちゃんだったフィリップのベビーシッターで、家族旅行に一緒に出かけたこともあるそうだ。その後、彼女は製図技師の資格を取り、父親の下で働いていた。

母親の自殺や父親の再婚のことなど、真実を知ったのは十八歳の頃だ。

ハンナ伯母さんがもう理解できる年齢だろうからと打ち明けてくれ、父親にそのことを伝えると、父親もそのときに初めてすべてを話してくれたのだった。

伯母や父親の話によると、父親は母親の死後、間髪入れずに再婚の意思を周囲に告知したらしい。するとすぐさま三人の候補が現れ、その中からこの女性に決まったという。

父親は高収入で見た目も悪くなかったし、適齢期の男性はみな戦争に出ていた時代であったから、引く手数多だったらしい。

それから一年が経ち、ドイツは終戦を迎えた。母親の切望は叶い、フィリップも兄も連行されることなく生き延びた。

第二次世界大戦という戦争は終わったが、フィリップにとっての闘いはこの頃から始まった。継母からネグレクトを受けるようになったのだ。

継母のいる生活は、初めはぎくしゃくしたものだった。継母はとても若かったから、いきなり自分の子どもとなった二人を前に戸惑いも大きかったに違いない。フィリップは五歳だったが、兄はそのとき十三歳か十四歳。思春期の年齢だ。二十六歳の継母にとっては、夫となった父親よりも年齢が近い。その上、兄は多感な年頃であり、母親の死についてもフィリップと違い、しっかりと理解しているのだから、継母も居心地が悪かったのかもしれない。

この状況は時とともに改善されるどころか、継母が実の子を出産したのをきっかけにさらに悪化していった。

継母は自身の子だけにかかりきりになり、フィリップと兄は継母の視野から外された。継母はひどい片頭痛持ちで、父親がフィリップに愛情を注ぐ様子を見るとその程度がひどくなった。それで父親は継母の感情を害さないように用心深くなっていった。

それでもフィリップには兄という支えがあったが、フィリップが十六歳のとき兄は学業を終えるや家を出てしまい、フィリップは家庭内で完全に孤立した。

フィリップは家族から完全に無視された。学校から帰っても誰も反応しない。お腹が空くとキッチンへ行き、鍋の中に残された料理を皿に盛り独りで食べた。フィリップも交えて一家で食卓を囲んだことは一度もない。

それでも食べるものは残されていたからまだよかった。物品に関しては、おもちゃはもとより教科書や文房具なども買い与えられることはなく、毎日家人全員の靴を磨くことを条件に毎月三マルクの小遣いをもらい、必要な物を購った。大学へ進んでも状況は変わらず、工事現場でアルバイトをするなどして学業にかかる費用の一切を捻出した。卒論を書いていたときが経済的にも肉体的にも、そして精神的にも最も辛い時期だった。

そして卒論を提出した三か月後、突然、ドイツ政府から五万マルクが支給された。ナチ時代にフィリップがユダヤ人として受けた被害への賠償金である。それは現在のおよそ二万五千ユーロに相当する。

戦後しばらくして始まった賠償金制度に申し込み十年以上待たされての結果だった。子どもたちを救うために死を選んだ母親のいのちの重さを思うと悲しいばかりの金額だが、学費としては大金だ。これだけあれば苦労せず勉学に励むことができたはずなのに、なぜ卒論も出し終えたタイミングで支給されたのだろうと、却って悔しい思いがした。けれどもフィリップにとっての「戦争」は、こうして終わりを告げた。

フィリップにとっての氷河期が終わりを告げると、幸運が立て続けに舞い込んだ。大学では物理を学んだが、卒業後も研究所に所属し研究を続けることができたのだ。

フィリップは、物理学者であり哲学者でもあり、ドイツ出版協会平和賞を受賞したばかりで名声を上げていたカール・フリードリヒ・フォン・ヴァイツゼッカー教授の下で働くことになった。

この教授は、戦後四十年の演説「荒れ野の40年」で世界に知られるヴァイツゼッカー元大統領の兄にあたり、１９５７年に西ドイツの核武装に反対し、核開発に関する研究に一切関与しないと声明した「ゲッティンゲン宣言」のメンバー、「ゲッティンゲンの十八傑」とも言わしめた十八人の原子力研究者の一人である。

ヴァイツゼッカー教授の下にいた十四年間は、フィリップにとって大変意義のあるもので、それからのフィリップの人生の指針となった。

ヴァイツゼッカー教授は第二次世界大戦中、マックス・プランク研究所の前身、カイザー・ヴィルヘルム研究所で原子爆弾の開発を行っていた。その経歴から、広島および長崎で投下された原子爆弾は、本来は、ナチス・ドイツが核兵器製造に着手していることに気づいたアメリカが、ドイツの首都ベルリンに投下すべく製造されたものであり、完成を前にドイツが降伏したことで投下の理由がなくなり、その矛先が広島と長崎に向けられたことを知っていた。

そのヴァイツゼッカー教授らが「ゲッティンゲン宣言」を表明したのであり、フィリップが勤めるヴァイツゼッカー教授率いる研究所は、核を専門的に熟知しつつ平和運動に活かしていくことを念頭に置いた機関であり、フィリップは深い感銘を受けた。１９７５年の広島での学会にはフィリップも参加している。

フィリップはゲットーでの生活を経験していないし、強制収容所にも送られずに済んだ。けれどもこれは自身の幸運によるものではなく、母親の命の犠牲によって成り立っている。そのことの意味を考え続けた人生だった。

自分がこうして生かされているのは、他者のためになることを行うためだと、いつしか強く思うようになっていた。

大学時代に学んだ核についての学問を平和運動のために使うことができるこの研究所での取り組みは、まさしくフィリップの求めるものに一致していた。

研究者として生きていた時代のテーマは「核と平和」だったが、引退してからは、ナチス・ドイツ時代に迫害に遭い生き残ったユダヤ人たちの集まりを運営し、二度と同じ過ちが繰り返されないよう、学校やその他の機関で、ホロコーストや自身の体験を語り継いでいる。

---

ゾンターク氏とは、ラヘルさんが紹介してくれた女性を通して知り合った。

ベルリンで生き延びたユダヤ人の方に取材をしている旨を伝えると、ゾンターク氏自身は戦時中にベルリンにいなかったため対象外になるが、自身が、ナチス・ドイツ時代に迫害に遭ったユダヤ人生存者たちの集まりを運営しているので、その仲間の中でベルリン出身者を紹介できると申し出てくださった。

それで何度か電話でやり取りをするうち、ゾンターク氏の母親が子どもの命を守るために自身の命を絶ったと聞いて驚愕し、どうすれば自身の命と引き換えにできるのか知りたいという思いで取材させてもらうことになった。

先に記した内容のほかに、ヴァイツゼッカー教授の下での研究についてずいぶん詳しく解説してくださったが、残念ながら私の能力ではあまり多くは理解できなかった。「核と平和」は今日でも重要な課題であるだけに、大きく紙面を割くことができず申し訳ない気持ちがしている。

## ホルスト・ゼルビガー氏の場合――恋人もアウシュヴィッツへ

ホルストは、1928年にベルリンに生まれた。

両親と三つ上の兄との四人家族。父親は歯科医で、ベルリン・ノイケルン区で歯科医院を開業しており、幼少期は経済的にも恵まれた毎日を送っていた。

父親は、ニュルンベルク法でいうところの「完全ユダヤ人」。母親は「純血ドイツ人」、いわゆる「アーリア人種」である。よってホルストは第一級混血、「二分の一ユダヤ人」ということになる。けれどもホルストも前述のハンツ・シュマル氏同様、父の習慣に倣いユダヤ教徒として育ったため、「有効ユダヤ人」とみなされ、「完全ユダヤ人」と同等の扱いを受けることになる。

ホルストは、ナチ政権樹立の翌年、１９３４年に小学校に入学したが、数年経つと校内にもユダヤ人排斥の気配が漂い始めた。

それは外部から来たものではないだけに心に堪《こた》えた。昨日まで一緒に仲良く遊んでいたクラスメイトが、今日は手のひらを返したように冷酷になり、ホルストを無視し距離をおいた。口の悪い生徒は声に出してユダヤ人だと嘲笑する。

クラスでユダヤ民族の血を引くのはホルスト一人であったため、まったく孤立していった。知らない生徒から罵倒されることも日常茶飯事で、ときには暴力をふるわれることもあった。

ホルストは八歳の頃からユダヤ人スポーツクラブでボクシングを習っていたので暴力に対しては抵抗できたが、「くそユダヤ」と罵られ囃し立てられることに対しては多勢に無勢、耐えるしかなかった。それでも学校には毎日欠かさず通い続けた。

ユダヤ人排斥は校内に留まらず、ユダヤ人に対する教師や公務員の免職令、遺産相続禁止令、開店禁止令や医師の開業禁止令など、次々に法令や条例が施行され、国家的に、合法的にユダヤ人がつるし上げられていった。

「水晶の夜」事件の起きた１９３８年、ホルストの父親も、歯科医としての資格や歯科医院を取り上げられ、家族は住まいからも追い出され、モアビート区の「ユダヤ人ハウス」に強制転居させられた。

「ユダヤ人ハウス」はユダヤ人専用強制居住家屋のことで、よく耳にするナチ時代のユダヤ人ゲットーはポーランドをはじめ東ヨーロッパに設置されたものでドイツには存在せず、その代わりとなったもの。ベルリンではナチ党員に新居を優遇するために元住人のユダヤ人家族を追い出し、他のユダヤ人家庭に同居させるケースが多く、全世帯にユダヤ人を収容させた家屋を「ユダヤ人ハウス」と呼んでいた。

ここでホルストたち家族四人にあてがわれたのは、部屋がひとつと物置がひとつ。元々ここに住んでいたユダヤ人家族のもとに間借りする格好で、キッチンやトイレは共同で使わなければならなかった。

これまで七部屋以上ある住居に暮らしていたホルストたちにとって相当ショックだった。

父親が言うには、1933年に一度、医師資格の剥奪が申し渡されたことがあったが、第一次世界大戦に出征していたことを鑑みてこれまで「恩赦」を受けていたらしい。

ユダヤ人ハウスへの転居と同時に、学校も転校となった。校区が変わったためではなく、ユダヤ人のドイツの公立校への通学が禁止されたからだ。ホルストはミッテ区にあるユダヤ人学校に通うことになった。

自宅からは遠く、電車を使って通学しなければならなかったが、通うのは同じ境遇にある子どもたちばかりだから不当な差別や暴力もなく、ホルストにとっては夢のような毎日だった。

この学校は、1862年創立の伝統校で、今回のドイツの学校への通学禁止令によって転校生が急増したため新クラスが増設され、ホルストの編入されたクラスは全員が転校生だった。

一クラスは三十人ほど。元々は男子校だったが、1931年に男女共学になり、ホルストのクラスも男女半々の割合だった。

クラスに一人、とても美しい女の子がいた。

大きな瞳と長い黒髪。初めて彼女を見かけたとき、あまりの美しさに思わず息をのんだ。ホルストだけではない。男子生徒の誰もがこの女の子に夢中になった。その子はのちに皆からエステルと呼ばれるようになる。

最初の頃はそれぞれ一人で登校していたが、通学路で市民から嫌がらせに遭う子どもが増えたため、電車通学の十人ほどが駅で待ち合わせて集団登校するようになった。

市内鉄道ベルゼ駅（現ハッケッシャーマルクト駅）で下車する子どもたちが、まずこの駅前で待ち合わせ、共に地下鉄ヴァインマイスター通り駅まで歩いて、この駅で下車してくる子どもたちと合流してグローセ・ハンブルガー通りのユダヤ人学校へと登校した。

ホルストがなにより名誉に感じたのは、ベルゼ駅からの道のりを、エステルのカバンを持って歩くという大役を任されたことだ。ホルストがボクシングを習っていることが認められ、彼女のエスコート役となったのだった。小柄で日頃は目立つことのないホルストだったから、このような栄誉に与れるとは思ってもみず、嬉しくて仕方なかった。

新しい学校での毎日を謳歌する中、社会はますます反ユダヤ体制となっていった。

子どもたちの周りでも、ユダヤ人はスポーツクラブや合唱団からも脱退させられ、学校からの遠足も、グループでハイキングやピクニックに出かけることも、ヴァンゼー湖で泳ぐことも、映画館や劇場などへの入場も禁じられた。

第二次世界大戦が勃発すると、ユダヤ人の夜間の外出が禁じられ、ラジオが押収された。食料や生活必需品は配給制になったが、ユダヤ人は衣類の配給は受けられず、食料クーポンには「J」の印が印刷され、購入時間も制限された。

そして1941年には最悪の事態へと発展する。

黄色い星を上着に縫い付けることが義務づけられ、秋にはベルリンから強制収容所への列車移送が始まったのだ。

黄色い星の義務は、「完全ユダヤ人」のみが対象だったが、ホルストは「有効ユダヤ人」とみなされていたため、「完全ユダヤ人」と同じ扱いを受けていた。

自身が「有効ユダヤ人」とみなされることになったのは、たった一枚の紙のせいだとホルストは思う。

ホルストの両親は結婚したとき、子どもが生まれたらユダヤ教のしきたりで育てようと話し合っていた。それでホルストが生まれたとき、ユダヤ教の習慣に則って割礼を受けさせた。

それは信仰心からというより、ユダヤ人であることを誇りに思う気持ちからだった。

それ以外のことと言えば、ホルストの家族は、ユダヤの三大祭りと言われる、贖罪の日ヨム・キプルと、ユダヤ暦の新年祭ローシュ・ハッシャーナー、過越の祭りペサハのときにシナゴーグに行く、所謂「三日ユダヤ人」程度にすぎなかった。

ところがナチ党がユダヤ人を割り出すために1933年に行った国勢調査が宗教の記録を基にしたものだったため、ホルストの割礼証明書が発行されているところから、ホルストは「有効ユダヤ人」ということになったのだった。

1941年9月15日の朝、ホルストも上着の胸に黄色いユダヤの星を縫い付け登校した。

けれども学校では他の生徒たちもみな同じ星を付けていたから、それはさほど気にもならなかった。それよりも気にかかるのは、この頃になると登校してこなくなる生徒が出始めたことだ。当時は事情が分からなかったが、ゲシュタポに連行され強制収容所へ送られていたのだ。

1942年に入ってしばらくすると、早くも秋の学校祭のことが話題になり、早々に準備に取り掛かることになった。今年は演劇発表をしようという案が上がり、子どもたちは大喜びで賛成した。あれこれ出し物を考え、プリムのお祭りに朗誦される「メギラ」を題材にした物語を演じることになった。

「メギラ」はユダヤ教の聖典で、プリムのお祭りに朗誦されるのはその中の「エステル記」である。ペルシャに住むユダヤ人を絶滅させようと企んだハマンの物語で、ユダヤの血を引く美しい王妃エステルがハマンと対峙し勝利を収め、ユダヤ人絶滅の危機を免れるというハッピーエンドの物語だ。

子どもたちは自分たちの将来を重ね合わせ、プリムは春のお祭りで季節が合わないにもかかわらず、是非これをやりたいと切望し上演が決まった。脚本も配役も舞台道具も、すべて子どもたちがアイデアや意見を出し合った。

王妃エステルは賢く大変美しい姫であったから、この役は満場一致でエステルに決まった。エステルが皆から「エステル」と呼ばれるようになったのはこの日からだ。

ハマンはヒトラーのようなものだからみんなから憎まれ、この役をやりたがる者がなくて大騒ぎだった。控えめな性格のホルストはセリフのある役はもらえなかったが、美しいエステル姫を眺めていられるだけで幸せだった。

ところが、1942年6月29日、学校が突然閉鎖された。学校祭の日を待たずして。

ハッピーエンドの物語が発表前に中止になったことが何かの暗示でもあったかのように、子どもたちはさらに過酷な運命に呑み込まれていく。学業の代わりに、強制労働へと送られたのだ。わずか十四歳という若さで。

ホルストが最初に派遣されたのは軍需工場で、軍隊のヘルメットを作っていた。溶接作業の部署に連れて行かれたが、まだ成人の体格まで成長している年齢ではない上、もともと小柄なホルストには、機械が重くて思うように動かせず、一週間でクビになった。

次に派遣されたのは、飛行機の部品製造の工場だった。薬品を溶かす作業で、常に強烈な異臭が漂い、健康上問題があるに違いない劣悪な環境だったが続けるしかなかった。

ホルストの家族は、父や兄だけでなく、ドイツ人である母親までもが、アーリア人であるという配慮から重労働ではなかったが、強制労働に就かされていた。

ユダヤ人排斥が悪化し始めた頃、母親は親戚らから何度も離婚を勧められていた。離婚すれば自分は楽になるだろうけれど、完全ユダヤ人である夫は強制収容所へ移送されてしまうという思いから、頑なに拒み続けてきた。

強制労働は辛かったが、プライベートでは嬉しい変化もあった。憧れのエステル姫といつしか恋人の関係に発展していったのだ。

カバン持ちになれたことが嬉しかった子どもの頃や、美しいエステル姫に密かに思いを抱いた思春期……。ホルストは初めて会ったときからずっとエステルを見つめてきた。

学校が閉鎖になってからも連絡を取り続け、仕事が終わるとどこかで落ち合うようになり、自身の思いが一方的なものではないことに気づいていった。

このときも年齢でいえばまだ十五、六、思春期の年齢だ。

けれどもあの時代の子どもたちは、大人が思うよりずっとずっと大人だった。迫害という環境の中で多くの無念や死や裏切りを見ながら育ったのだから、ある意味大人よりも大人だった。そして世の中があのような時代であったから、二人の絆は深まった。

ユダヤ人には夜間外出禁止令が出ており、冬季は二十時まで、夏季は二十一時までに帰宅していなくてはならなかったが、労働から解放されると毎日どこかで待ち合わせ、時間の許される限り二人で過ごした。唯一の休みである日曜日も二人で出かけた。

エステルは美しく明るく快活な女の子で、ジョークが大好きでいつもホルストを笑わせた。映画館に行くこともヴァンゼー湖で泳ぐことも、ユダヤ人には禁じられていたが、エステルは持ち前の茶目っ気でホルストを誘い、胸の星をポケットに隠し二人で出かけた。そのためには電車にも乗った。ゲシュタポに見つかったら……という恐れもあったが、それよりも、「生きていたい」という思いが勝っていた。

ふたりでいるとき、実にいろいろな話をした。時代が時代であったから、自分たちはいつ連行されるのだろうと話し合ったこともあるし、ユダヤ人狩りに使われるという緑色をしたトラックのことや、噂に上りみんなが言葉として知っている「強制収容所」という場所のことも、頻繁に話題に上った。

けれども「死」について、二人で語ったことは一度もない。それは、明日にも自分たちに課せられる運命かもしれないという恐怖心からだったのかもしれないし、エステルが毎日見続けている現実のせいかもしれない。

エステルも強制労働に就いていて、彼女は墓地で働いていた。女性の遺体を洗ったり、ときには墓穴を掘ることもあった。空爆での死者はもちろんのこと、ヨーロッパではタブーであるから誰も口にしなかったが、当時は自殺を遂げる人も実に多かった。エステルにとって「死」は日常だった。

とにかくエステルと死については語らなかった。二人は若かったから、ただ生きていたかった。


1943年2月27日。

早朝、ホルストはいつものように工場に出かけた。作業は七時から始まる。始業から一時間ほど経っただろうか、突然、全員外に出るようにと指示があった。言われるままにゾロゾロと工場の外に出ていくと、建物の前に緑色のトラックが停まっていて、ゲシュタポと武装した親衛隊が包囲していた。

誰も何も言わなかった。連行されるのは明白だ。誰もが寡黙に、抵抗することもなく、順にトラックの荷台に乗り込んだ。

連れて行かれたのは、モアビート区レヴェッツォウ通りにあるシナゴーグだった。

巨大な建造物の前にトラックが停まり、降りると寺院の中へ入るよう誘導された。教会前で様子を見守っていた人々の中に親衛隊の制服姿の女たちが交じり、誇らしげに拍手を送っていた。

建物に入ったところのフロアで、資産を明け渡すという書面にサインさせられ、身分証明書を取り上げられ、「移送票」と書かれた札が手渡された。そこには番号が振ってあり、首に掛けるためのひもが付いていた。

次に誘導されたのは礼拝堂で、中央が高く抜けたとても大きな空間で、数メートル上に壁に沿って付けられている観覧席が、礼拝堂の空間を取り囲んでいた。

礼拝堂であるから本来なら一階部分に木のベンチが並んでいるはずだが、この日のためか、すべて取り去られ大広間になっていた。

といっても床が見える状態ではない。次から次へと夥しい数のユダヤ人が運ばれてきては礼拝堂に押し込まれていく。二千人以上の人々がひしめき合い、どの人も恐怖に顔を歪め、叫び声や嗚咽を上げている。地獄というのはたぶんこういうところなのだと思った。

静かにしている人は平常心なのではない。恐ろしさのあまりに声が出せないだけだ。ホルストもまた、声を上げることのできない一人として恐怖に打ち震えて立っていた。

ホルストの場合は実際に身体の震えも止まらなかった。工場では溶接作業に従事し、暑さのためいつも薄いシャツ一枚にズボン姿で働いている。突然追い立てられ更衣室に上着やコートを取りに行くこともできず、そのままの格好で引き立てられてきた。

二月末は、ドイツでは一年の中で最も気温が低い季節だ。暖房も焚かれていない重厚な石造りの空間は、いくら人で埋め尽くされても足元から氷の冷たさが伝わるばかりで、一向に気温は上がらなかった。

ガタガタと身体を震わせながら立ち尽くしていたホルストは、ここでひとつ目の奇跡と遭遇することになる。

人ごみの中に、エステルが入ってくるのが見えたのだ。ホルストはかき分けるように進み出て、二人は抱き合い、涙にくれた。

この時点でホルストは知らなかったが、この日、ベルリン市内に残留していたユダヤ人、すなわち強制労働に就いていたユダヤ人全員が一斉に連行され、市内四か所に用意された中継所に振り分けられた。この混乱の中で出会えたことも奇跡だが、なにより二人が同じ中継所に連れて来られたこと自体が奇跡だった。後に互いの家族を捜して回ったが、誰の姿も見つけることができなかった。

このような状況下でこれを幸運と言えるのか分からないが、エステルは墓地で働いているためいつも何枚も重ね着しており、そのまま連行されてきた。それでエステルはコートを脱いで寒さに震えあがっているホルストに着せかけた。

座る場もないほど押し込められた空間で人々は叫び、嘆き、中には観覧席から飛び降り自殺を図る人もあった。そのたびに鈍い音が響き、悲鳴や怒号が上がった。エステルは耳をふさいで身体を震わせている。ホルストは逃げ場を探して、エステルの手を引き人ごみの脇に出て、観覧席への階段を上がり、上階の柱の陰に身を寄せた。薄暗いが礼拝堂から立ち上る喧騒から少しは逃れることができた。

それから何十時間もただそこに詰め込まれていた。避難者でも難民でもないから、水や食料などの配給もない。殺されるために集められたことを誰もが自覚していたから、それがおかしいとも思わなかった。

噂に聞いていた通り、緑色のトラックで護送され、列車移送のための札まで手渡されたのだ。これからまた鉄道駅まで運ばれ、そこから貨物列車で収容所へと送られ、そして殺される。問題はそれがいつ敢行されるのかということだけだ。

ホルストとエステルは、最初の頃は、ここに連れてこられたときの様子など互いのことを伝え合ったが、そのうち口数も少なくなっていった。いつもは明るい性格のエステルが、ここに来てからは一度も笑顔を見せなかった。ただ青ざめて打ち震え、柱の陰で抱き合って過ごした。

ここに護送されたのは27日、土曜日だった。翌日、日曜日は何の動きもないまま過ぎていき、月曜日の未明、ゲシュタポが大声で移送票の番号を読み上げた。

最初に読み上げられた数百のナンバーにエステルの番号が含まれていた。

震えるエステルの手を取り、一緒に階下に下りていった。

蒼白な顔をこわばらせるエステルと見つめ合ったが、エステルはすぐさま外へと連れ出された。ホルストは彼女の後ろ姿を懸命に目で追ったが、たちまち群衆の間にかき消されていった。


翌日、ホルストの移送番号が読み上げられ、緑のトラックに乗り込んだ。

このとき、ホルストに二つ目の奇跡が起きた。

トラックの向かった先は駅ではなく、ミッテ区ローゼン通りにある旧ユダヤ寺院だった。十八世紀の建設当初は礼拝堂として使われていたが、1866年にオラーニエン通りにシナゴーグが完成したのちは、ユダヤ教会の事務所として使われていた。

到着したとき、通りの向こう側にドイツ人女性が大勢立っていたが、レヴェッツォウ通りのシナゴーグの前とは違い、「私たちの夫を返せ」とシュプレヒコールを上げていた。

中に入るとここにも数千人のユダヤ人が集められていたが、そこに父親と兄の姿を見つけることができたのだ。

1943年2月27日の工場からの連行は、ベルリン市内にあった強制労働施設、約百か所すべてで一斉に行われた。

ベルリンでは1941年10月に強制収容所への移送が始まり、当初はウッチやリガなどにあるゲットーへ送られていたが、翌年6月には老人や子どもばかりを集めたテレージエンシュタット行きの移送が並行して始まり、秋にアウシュヴィッツ絶滅収容所が始動すると、連日、大量のユダヤ人が組織的に移送されていった。

1943年になると市内に残っているユダヤ人は何らかの特権のある者ばかりで、その中にはホルストやホルストの父のように、ドイツ人を配偶者や親に持つユダヤ人が多く含まれていた。

43年に入ってからも移送は続き、市内に残るユダヤ人は強制労働就労者だけとなったとき、ゲッベルスは、工場作戦を敢行させてユダヤ人を一掃し、ベルリンを「ユダヤ人ゼロの町」にするつもりでいた。

ところが、帰宅しない夫や子どもを心配したドイツ人女性らが警察に殺到するなど行方を捜し始め、騒ぎが大きくなり、町の混乱を恐れたナチスは急きょ対象となるユダヤ人をローゼン通りのシナゴーグに集めた。

それを聞きつけた女性たちが夫を取り戻そうとシナゴーグの前に集結し、夫を返せと叫び始めた。ホルストがトラックから降りたときに見かけた女性たちだ。

その後、武装した親衛隊が出動したため、女性たちは叫ぶことをしなくなったが、連日連夜数百人もの女性たちがシナゴーグ前に立つという無言の抗議を続け、3月6日、ついにホルストたちは釈放され、帰宅することができたのだった。

ホルストの母親もまた、たびたび教会前に出かけては抗議の群れに加わっていたと、ホルストたちは帰宅して母から聞いた。

ホルストたち家族四人はこうして無事再会できたが、これまで二十人ほどいたはずのユダヤハウスの住人たちは一人残らず連れ去られ、帰ってこなかった。

空いた部屋は、空襲で焼け出されたドイツ人家族が入居してきてたちまち満室となった。

帰宅してすぐエステルの家に行ってみたが、エステルはもちろん、エステルの家族も全員姿を消していた。時間が許される限りエステルの消息を尋ねたが、何の手がかりも得られず、エステルの住まいにもドイツ人が入居してきた。

帰宅後は、ホルストの就労先も変更となり、父と共に、爆撃で破壊された家屋の瓦礫の撤去作業に出かけるようになった。

重労働は骨身に染み、残留ユダヤ人には食料の配給も一切なく、いつ死んでもおかしくない状況だった。その後空襲はますますひどくなり、都心部は廃墟と化すまで徹底的に破壊され、19

45年4月にはソ連が侵攻し市内で銃撃戦が繰り広げられ、5月に入ってようやく、瓦礫と砂埃と銃声の間で終戦を迎えた。

ホルストは、戦後も変わらずエステルを捜し続けた。

強制収容所から戻ってくることを期待して、何度もエステルの住まいに様子を見に行き、思い当たるところにはどこへでも出かけ問い合わせた。

けれども手がかりは何も得られないまま月日ばかりが無駄に流れた。

そして終戦から四年経ったある日。

なにかの用事でファザーネン通りにあるユダヤ人協会に出かけると、テーブルに置かれた一冊の本が目に留まった。

手に取ると出版されたばかりの一冊で、ベルリンの列車移送について書かれていた。

ページを繰ると、エステルの乗った列車のことにも触れてあり、その列車はアウシュヴィッツへ向かい、移送されたユダヤ人たちは、ホームを降り立つやそのままガス室に続く列に並ばされ、その日のうちに虐殺されたと書かれていた。

犠牲者の名前が列記されたページもあり、エステルの名をそこに見つけた。

これまであらゆる努力を傾け、成果がなくても、エステルはきっとどこかに生きていると信じてきた。希望を持つことでなんとか自分を支えてきた。けれどもこの瞬間、ホルストの中に灯っていた希望の明かりが消えてしまった。

ちょうどドイツ民主共和国が建国された頃で、ホルストは家族の反対を押し切り、東ドイツへ移住した。政治を学びドイツ社会主義統一党のジャーナリストになろうと決心し、努力し、実現させた。

結婚もした。

けれども党内に対立が起き、思想もずれてしまい、西に帰ることにした。

妻となった女性は一緒に西に来ることを拒み、いとも簡単に離婚となった。

西ベルリンに戻ってからは、政治に関わることをせず、旅行代理店を経営して生計を立てた。

---

ゼルビガー氏を訪ねたのは2015年初夏のこと。ナチス・ドイツ時代を生き延びた人々の集まりを運営するゾンターク氏から紹介されてのことだった。

当初聴いたゼルビガー氏の体験は、子どもの頃や、強制労働の様子などに終始した。

取材も終わりに差しかかり、結びの言葉のごとく、「のちには結婚もなさって……」と尋ねたとき、意外な言葉が返ってきた。それは、「たしかに結婚をしたことはありますが、私が生涯想い続けているのは、一人の女性だけですから」というものだった。

意味が分からず困惑する私にゼルビガー氏は、かつて恋人がいたが、アウシュヴィッツに送られ殺されてしまったと呟いた。

そのとき、恋人だった女性について少し話してくれたが、氏はたびたび言葉に詰まってしまい、これ以上聴ける状態ではなくなった。取材を始めてすでに二時間近く経っていたこともあり、この日はこれで打ち切った。

けれども日が経つにつれ、恋人だった女性のことが気になり、再度取材を申し込んだ。

ゼルビガー氏はこれまで何度も当時の体験を語ってきたが、恋人のことについて話すのはこれが初めてとのことだった。

ゼルビガー氏は物静かな性格で、恋人のことも淡々と思い出したことを語ってくれただけだったが、聴いているこちらの胸が詰まり、途中で休憩を挟んでもらわなければならなかった。取材しながら涙を拭ったのは私にとって初めての経験だ。

ゼルビガー氏はこの取材のとき、恋人の本名を語ることがどうしてもできなかった。

彼女の親戚の中には亡命して生き残った人もあるから迷惑を掛けられないというのがその理由だったが、それが本当の理由ではないことは痛いほどよく分かった。

それで氏は、彼女のことを私の前では「エステル」と呼んだ。

西ベルリンに戻ってから、二度と結婚しなかった。

「また誰かを傷つけるより、独りでいるほうがずっとよい。エステルとの思い出があれば十分です」

そう言って、ゼルビガー氏は微笑んだ。

# あとがき

一本のドキュメンタリーフィルムがきっかけとなって、貴重な出会いが続いた一年だった。生存者の方々に会いに行き、当時の話に耳を傾ける毎日が続いていたとき、ティムール・ヴェルメシュの小説『帰ってきたヒトラー』がドイツで映画化され、盛んにCMを流していた。

生存者の方々から聴いた体験談をもとに本書を執筆する毎日が続いていたとき、この映画が日本でも公開され、大変な話題になっていた。

それで実に多くの人々から映画の感想を求められたが、未見の私は何も答えることができなかった。観ようと思えば時間はあった。けれどもそれをしなかった。いや、できなかった。その理由はただひとつ。ヒトラーが現代にタイムスリップするという設定のコメディ映画だと聞いていたからだ。

あの時代に実際に生き、差別の屈辱に耐え、親や兄弟、親戚や友人、そして恋人までもを無残に奪われてしまった当事者たちの苦しみや悲しみに直に触れている最中に、まだ一人一人の声が生々しく耳に残っているこのときに、ヒトラーを笑いのネタとして捉えることがどうしても私にはできなかった。

だからといってこの映画を否定する気は毛頭ない。むしろ、あの時代が関心の的になっていることを喜ばしく思う。終戦から七十年以上の年月が流れ、〝戦争を知らない子供たち〟の孫が成人する時代となった。過去との向き合い方が違ってくるのも当然だ。ツイッターやブログなどでこの映画を鑑賞した人たちの感想を読むと、「笑いながらも心の中に湧き上がる恐怖」といったものを感じた人が多かったようだから、表現方法は特異であっても起きた過去と向き合って、将来への警笛を鳴らしているのではないかと想像する。

一方、私のこの一年の取り組みは、当事者に会いに行き、当時の体験を聴かせてもらい、活字に起こすという古めかしい方法だ。

けれどもその作業の中で新たに発見したことがあった。それは、「いのちは続く」ということ。生き残った人々が戦後に新しい人生を歩み、子孫を生むことで受け継がれる「命」というものがあるけれど、それとはまた別に、生き延びた人々が語ることによって伝わる「いのち」というものがある。無念のうちに死んでいった人々のことも、生き残った人が思い出せば、その「いのち」は甦る。それを人に伝えれば、伝承という形でいのちは続いていく。

生存者の多くは、あの凄惨な時代を生き延びることができたのは、自身になにか徳があったからではなく、偶然の積み重なりと感じている。そしてなぜ自分だけが生き残ったのかという思いに苦しむ。長い年月をかけて自問を繰り返す中で、自身にできるせめてもの任務は、語り部となることだと決意する人も少なくない。

私が出会った人々の中には、そういう理由から、学校や市民団体や政府機関などに招かれればそこへ出かけていって体験を語り、訪ねてくる者があれば時間を割いて問いに応える人もある。年齢から考えて体力的にも大変なことだと思う。

そして私は彼等にとって、「初めての日本人」だった。

私が書かなければ、日本語で伝わる機会はないのだという思いがじわじわと迫ることがあった。とくにコルゲさんとの対面は私に衝撃を与えた。彼女は術後の大変なときに時間を割いてくださり、今度会う日というのはもうないかもしれないともおっしゃられた。コルゲさんの体験に耳を傾けていたとき、これを「私が聞いた」だけで終わらせたくないという思いが強くなった。そして新たに訪ねるごとに、その思いの強さは増し、そしてゼルビガー氏との対面……。氏の語る体験談は、衝撃そのものだった。

ゼルビガー氏は、これまで数多くの公式行事に参加し、自身の体験を語ってきたが、エステルのことを語るのはこれが初めてとのことだった。ゼルビガー氏は奇跡的に家族と共に生き残ったが、今では他の三人も他界し、天涯孤独の身となってしまった。このままではエステルの存在は本当に無意味なものになってしまう。ゼルビガー氏の体験は広く知られているのに、氏が生涯抱き続けた思いはこのままでは消えていってしまう。なんとか活字に留めたい……。そう切望するようになった。

また、日独同盟の関係にある中でも、密かにユダヤ人に手を差し伸べる日本人たちが意外にたくさんいたことが分かったのは大きな喜びだった。

この調査の中、手がかりとなる情報をくださった方もあったが、一方で、杉原千畝さんは特殊なケースで、他は捜してもいないだろうとおっしゃった方も多かった。もっと多くの善行が歴史の長い時のどこかに埋もれているのかもしれないが、せめて今分かっている人々のことだけでも書き記しておきたいと思った。

本書をお読みくださった方が、凄惨の時代を懸命に生きた人々のいのちの尊さ、精神の美しさを感じてくださったら、どんなに嬉しいだろう。そして、この苦しみや悲しみは二度とあってはならないと感じてくださったら、どんなに嬉しいだろう。

末筆ながら、素晴らしい表紙をデザインくださった岩瀬聡さん、書籍にする機会を与えてくださった晶文社の斉藤典貴さん、そして編集を手掛けてくださった大場葉子さんに心よりお礼申し上げます。とくに大場さんは、雑誌ライター時代からお世話になっている方で、今回、このように一冊の本を共に創り上げることができ、喜びも格別です。ありがとうございます。心から。

２０１６年12月　ベルリンの空の下で

六草いちか

## 資料1　ナチ政権下で施行されたユダヤ人迫害の法令・条例

1933年～1945年のナチス・ドイツ時代にドイツで施行された、ユダヤ排斥に関するドイツ政府による法令やベルリンで布かれた条例の一覧。ここに挙げたのは代表的なもので、実際には、ユダヤ人にはさらに多くの制約が法的に課せられていた。

| | 法令・条例 | 当時の出来事 |
|---|---|---|
| 1933年 | 4月1日　ベルリンの公立校勤務のユダヤ人教師に休職命令<br>4月7日　非アーリア人の公務員、弁護士の強制退職<br>4月22日　ユダヤ人保険医の勤務禁止<br>4月25日　ユダヤ人大学生の入学制限<br>4月25日　非アーリア人のスポーツクラブ会員に退会命令<br>5月28日　ユダヤ人の家庭教師や個人レッスンの禁止<br>8月16日　ユダヤ人の合唱団員に脱退命令<br>8月22日　ユダヤ人のヴァンゼー湖遊泳禁止（※オリンピック開催に伴い一旦解除、1938年12月3日に再施行） | 1月30日　ヒトラー内閣成立<br>3月23日　全権委任法成立。ヒトラーの独裁政治が始まる<br>4月1日　ドイツ全国でナチスによるユダヤ人商店での不買運動発生<br>5月10日　「ナチス・ドイツの焚書」事件発生 |

| | | |
|---|---|---|
| １９３４年 | ２月５日　ユダヤ人の医学生・歯学生の国家試験受験禁止<br>３月５日　ユダヤ人俳優の職業停止 | ９月13日　全国の学校に人種学の授業導入 |
| １９３５年 | ３月31日　ユダヤ人作家・音楽家の活動禁止<br>４月　ユダヤ人美術商・古物商に廃業命令<br>４月　公園にユダヤ人専用の黄色いベンチ設置（※ベルリンは設置が遅く、実際に見られるようになったのは１９３９年に入ってから）<br>７月10日　ユダヤ人青少年グループのハイキング禁止<br>９月10日　学校内でのドイツ人とユダヤ人の隔離指示<br>９月30日　ユダヤ人のすべての法律関係就労者に休職命令 | ９月15日　ニュルンベルク法制定 |
| １９３６年 | ４月３日　ユダヤ人獣医の開業禁止<br>４月15日　非アーリア人のジャーナリストの就労禁止<br>10月４日　ユダヤ人のキリスト教への改宗無効 | １月26日　オリンピック開催期間のみユダヤ人排斥の看板撤去<br>８月１日―16日　ベルリンオリンピック開催 |

| | | | | |
|---|---|---|---|---|
| 1937年 | 4月15日 | ユダヤ人の学位取得禁止 | | |
| | 6月8日 | ユダヤ人を配偶者に持つ郵便局員の強制退職 | | |
| | 8月18日 | 「アーリア人専用」の公園ベンチ設置 | | |
| 1938年 | 7月25日 | ユダヤ人医師の開業禁止 | 3月13日 | ドイツ・オーストリア合邦 |
| | 10月5日 | ドイツ国籍を持つユダヤ人のパスポートにJのスタンプ押印義務 | 8月17日 | ユダヤ人に女性は「サラ」、男性は「イスラエル」の名前の追加義務 |
| | 11月12日 | ユダヤ人の手工業従事禁止 | 10月28日 | ポーランド系ユダヤ人の強制送還 |
| | 11月12日 | ユダヤ人の自営店の営業禁止 | 11月9日 | 「水晶の夜」事件発生 |
| | 11月12日 | ユダヤ人の映画館・劇場・オペラ座の入場禁止 | | |
| | 11月15日 | ユダヤ人の公立学校通学禁止 | | |
| | 12月3日 | ユダヤ人の運転免許証無効および所有自動車の没収 | | |
| | 12月3日 | 市内指定エリアのユダヤ人立ち入り禁止 | | |
| | 12月3日 | ユダヤ人の遊泳場および市立プールの利用禁止 | | |
| | 12月31日 | ユダヤ人書店に廃業命令 | | |
| | 12月31日 | ユダヤ系出版社のナチ系出版社への強制売却 | | |

| | | |
|---|---|---|
| 1939年 | 1月16日　ユダヤ人の外国移住の際の貴金属や資産の持ち出し禁止 | 8月23日　独ソ不可侵条約締結 |
| | 1月17日　ユダヤ人の就労全面禁止 | 9月1日　ドイツ軍のポーランド侵攻。第二次世界大戦勃発 |
| | 2月21日　ユダヤ人の宝石・貴金属提出命令 | |
| | 4月30日　ユダヤ人の賃貸契約無効。指示があればユダヤ人ハウスへ転居義務 | |
| | 9月1日　ユダヤ人の帰宅義務（冬期は20時まで、夏期は21時まで） | |
| | 9月23日　ユダヤ人にラジオ提出命令 | |
| 1940年 | 1月23日　ユダヤ人への衣料品配給中止。食料配給クーポン券にJの印刷 | 9月27日　日独伊三国同盟締結 |
| | 7月4日　ユダヤ人の食料品購入は午後4時～5時の1時間のみ許可 | |
| | 7月23日　年内にユダヤ系企業のドイツ企業への明け渡し義務 | |
| | 7月29日　ユダヤ人の電話契約解約義務 | |
| 1941年 | 3月4日　すべてのユダヤ人に強制労働義務 | |
| | 6月26日　ユダヤ人への石鹸および髭剃り石鹸の配給中止 | |

| | | |
|---|---|---|
| | 8月2日 | ユダヤ人の図書館利用禁止 |
| | 9月1日 | 6歳以上のユダヤ人に黄色い星の着用義務 |
| | 10月24日 | ドイツ人でありながら公衆の面前でユダヤ人に親切にした者は、当面の拘置処分 |
| | 11月4日 | 国民経済にとって重要でない職種に就くユダヤ人は東方へ移送することとし、その者の資産はドイツ帝国が没収 |
| | 11月13日 | ユダヤ人への所有する電化製品、自転車、カメラ、タイプライターおよびレコードの提出義務 |
| | 12月21日 | ユダヤ人の公衆電話使用禁止 |
| 1942年 | 1月 | ユダヤ人への毛皮およびウール製品の提出義務 |
| | 2月14日 | パン屋、ケーキ屋の店内に「ユダヤ人お断り」の看板掲示義務 |
| | 2月17日 | ユダヤ人の新聞雑誌の購入禁止 |
| | 3月24日 | 自宅と職場が7㎞以上離れている場合以外のユダヤ人の公共交通網の利用禁止 |
| | 3月24日 | 自宅と学校が5㎞以上離れている場合以外のユダヤ人子弟の公共交通網の利用禁止 |
| | 3月26日 | ユダヤ人居住家屋の入り口にユダヤの星の印の |
| | 10月18日 | ベルリンからの強制収容所行き列車移送開始 |
| | 10月23日 | ユダヤ人の出国禁止 |

掲示義務

| | |
|---|---|
| 6月11日 | ユダヤ人の煙草購入禁止 |
| 6月20日 | ユダヤ人学校閉鎖 |
| 6月22日 | ユダヤ人への卵の配給中止 |
| 7月10日 | ユダヤ人の現金や小包の発送禁止 |
| 7月10日 | ユダヤ人への牛乳の配給中止 |
| 8月7日 | 法廷でのユダヤ人とポーランド人の証人尋問無効 |
| 9月18日 | ユダヤ人へのすべての食料配給中止 |
| 10月9日 | ユダヤ人の書籍購入禁止 |
| 7月11日 | ベルリンからアウシュヴィッツ絶滅収容所行き列車移送開始 |

1943年

| | |
|---|---|
| 2月27日 | ベルリンにて市内残留ユダヤ人を残らずアウシュヴィッツへ送るための「工場作戦」実施 |

1945年

| | |
|---|---|
| 1月27日 | アウシュヴィッツ＝ビルケナウ強制収容所、ソ連軍により解放 |
| 2月16日 | 反ユダヤ政策関連の記録の破棄（証拠隠滅）を指示 |
| 4月16日 | ソ連軍によるベルリン砲撃開始 |
| 4月21日 | ベルリン郊外ザクセンハウゼン強制収容所はソ |

連軍接近のため閉鎖、生存者たちは北東方向の
別の収容所に向かって「死の行進」
4月25日　ソ連軍がベルリンを包囲。市街戦に
5月2日　ベルリン降伏
5月8日　ドイツ降伏、終戦

## 資料2 「ニュルンベルク法」――「ユダヤ人」の定義について

ドイツでは1834年以来、数年おきに国勢調査が実施されており、ナチスはドイツに在住するユダヤ人の数を明確に把握していた。

ナチス・ドイツ時代には国勢調査が二度行われ、ナチ政権誕生の数か月後である1933年6月16日時点の調査では、ドイツに在住していたユダヤ人は四十九万九千六百八十二人だったが、第二次世界大戦勃発の数か月前である1939年5月17日時点では四十四万三千百二十一人に減少していた。

しかし、この両調査の間である1935年に「ニュルンベルク法」が制定され、なにをもって「ユダヤ人」とするのかその基準が大きく変更されたことと、1938年に行われたドイツ・オーストリア合邦によってドイツの国土面積や人口に著しい変化が生じたことによって、この二つの数字は人口推移を比較する対象としては使うことができない。(※1)

「ニュルンベルク法」制定以前の「ユダヤ人」の定義は信仰を基準にしており、ユダヤ教の教会に所属するユダヤ教信者がその数として数えられていた。

しかしユダヤ人迫害はナチス・ドイツ時代に限らず、各地で歴代にわたって繰り返されており(※2)、1900年代に入るとキリスト教に改宗する者も出始め、ユダヤ人差別の風潮が高まった1920年代にはその数が顕著に表れるようになった。また、キリスト教信者と結婚した場合、生まれてくる子をキリスト教会で洗礼を受けさせる(=キリスト教徒として育て、所属もキリスト教会となる)ケースも多く、それらの人々は「ユダヤ人」として数えられていなかった。(※3)

ところが、1935年9月15日に「ニュルンベルク法」が制定され、その流れで、「ユダヤ人」の定義が新たに見直され、家系譜を基にした血統で規定されることになった。(※4)

それが本書にも頻繁に言及される、「ユダヤ人」をカテゴリ分けした表現であり、その内容は次の通り。

## ◆「ユダヤ人」規定

ニュルンベルク法によって導入された「ユダヤ人」の規定は、祖父母の代に遡って行われ、母方、父方、計四人の血統によって四つのカテゴリに分類され、「完全ユダヤ人」に属したユダヤ人たちは、ユダヤ人排斥の一番の標的となった。

◎四人の祖父母の全員がユダヤ人の場合：「完全ユダヤ人」
◎四人の祖父母のうち三人がユダヤ人の場合：「完全ユダヤ人」
◎四人の祖父母のうち二人がユダヤ人の場合：「二分の一ユダヤ人」（第一級混血）
◎四人の祖父母のうち一人がユダヤ人の場合：「四分の一ユダヤ人」（第二級混血）
◎ドイツ国籍保持者で、四人の祖父母の全員がユダヤ人ではない場合：「純血ドイツ人」（アーリア人）

これに加え、「二分の一ユダヤ人」であっても、ユダヤ教の教会に籍を置く者や、「完全ユダヤ人」を配偶者に持つ者は、「有効ユダヤ人／Geltungsjude」と見なされ、「完全ユダヤ人」のカテゴリに属した。

逆に、「完全ユダヤ人」であっても「純血ドイツ人」を配偶者に持つ者は、1938年11月9日に起きた「水晶の夜」事件以降、ヘルマン・ゲーリング国家元帥の指示により、「特権的国際結婚／privilegierte mischehe」をしている「完全ユダヤ人」ということで、ユダヤハウスへの転居時期が引き伸ばされるなどの特権が得られ、ベルリンにおいては「工場作戦」が実施される1943年2月27日までは、1941年10月に始まった強制収容所への列車移送も免れた。

（※1）
1933年のドイツの面積は46万8787㎢。全人口は六千五百三十六万二千百十五人。
1939年のドイツの面積は58万3370㎢。全人口は七千九百三十七万五千二百八十一人。

（※2）
ベルリンにおいてもユダヤ人迫害は繰り返されており、ベルリンにおけるユダヤ人の歴史は三つの時代に分かれる。
第一期：1295年交付の許可によって定住が始まり、数度の迫害に遭い1573年に町から完全追放。
第二期：1671年交付の許可によって再度定住が始まり、ナチ時代の迫害により追放（約六千人は奇跡的に生き残る）。
第三期：戦後から現在に至る。

（※3）
1933年6月16日に実施された国勢調査の報告書に、「1871年〜1933年の大都市におけるユダヤ人人口推移」と題した表が掲げられ、「信仰上のユダヤ人」の人口そのものは年々増加傾向にあったものの、人口に対してユダヤ人の占める割合は年々減少していると全体像を述べつつ、1925年には三十七万九千人にまで膨れ上がっていたはずのユダヤ人が33年には逆に三十五万五千人に減少し、割合だけでなく人口そのものも低下していることに注視し（割合も二・二五%から一・七八%に大きく落ち込んでいる）、その原因は、キリスト教信者との結婚によってユダヤ教を脱退する者が増えているためだと指摘している。（五頁）
また、1936年10月4日にユダヤ人のキリスト教への改宗を無効とする法令が布かれたことからも、ナチス・ドイツ時代にはそれが稀な例でなかったことが容易に想像できる。

（※4）
「ニュルンベルク法」という名称は、実際に制定された、①ユダヤ人とドイツ人の人間関係を根絶させドイツ人の血統を守るために布かれた禁止事項のまとまりである「ドイツ人の血統と名誉を守るための法／Gesetz zum Schutze des deutschen Blutes und der deutschen Ehre」と、②ドイツ国籍保持者を、元来のドイツ民族の血を引く「帝国市民」（＝アーリア人）と、そうでない者（ここではユダヤ人を指す）に分け、「帝国市民」のみに政治的権限を与えるために定められた「帝国市民法／Reichsbürgergesetz」の二つの法律の総称である。
しかしこの二つの法の中では、誰が「ユダヤ人」に当たるのかについての定義は述べられておらず、同年11月14日に制定された「帝国市民法に関する第一規定／Erste Verordnung zum Reichsbürgergesetz」においてそれが補則された。「帝国市民法」はその後十二回にわたって補則・改正が繰り返されたが、ユダヤ人規定に関しての変更および補則は、１９３８年12月5日制定の「第七規定」および、１９３９年5月5日の「第九規定」の二度行われ、その十二日後の１９３９年5月17日に国勢調査が実施された。

参考文献

大崎正二『遥かなる人間風景』弘隆社　二〇〇二年
北島正和『ベルリンからの手紙――第二次大戦、大空襲下の一技術者』中央公論事業出版　二〇〇五年
北出明『命のビザ、遥かなる旅路――杉原千畝を陰で支えた日本人たち』交通新聞社新書　二〇一二年
古賀守『1945年ベルリン最後の日――若き一留学生の記録』日本ドイツワイン協会連合会編　二〇〇〇年
近衛秀麿『風雪夜話』講談社　一九六七年
佐藤優『私が最も尊敬する外交官――ナチス・ドイツの崩壊を目撃した吉野文六』講談社　二〇一四年
芝健介『ホロコースト――ナチスによるユダヤ人大量殺戮の全貌』中公新書　二〇〇八年
篠原正瑛『ドイツにヒトラーがいたとき』誠文堂新光社　一九八四年
杉原幸子『六千人の命のビザ』大正出版　一九九四年
杉原幸子監修、渡辺勝正編著『決断・命のビザ』大正出版　一九九六年
関根真保『日本占領下の〈上海ユダヤ人ゲットー〉――「避難」と「監視」の狭間で』昭和堂　二〇一〇年
ゾラフ・バルハフティク『日本に来たユダヤ難民――ヒトラーの魔手を逃れて約束の地への長い旅』滝川義人訳　原書房　一九九二年
高嶋泰二『伯林日誌――第二次欧州大戦体験記録』求龍堂　一九九四年
谷口吉郎『雪あかり日記／せせらぎ日記』中公文庫　二〇一五年
津山重美『古稀の屑籠』日本海事新聞社　一九八四年
中島治男編『五月の伯林から』三菱商事株式会社／独国三菱商事会社　一九九七年
新関欽哉『第二次大戦下ベルリン最後の日――ある外交官の記録』日本放送出版協会　一九八八年
西畑正倫『西畑正倫追悼録』故西畑正倫氏追悼録刊行会　一九七九年
阪東宏『日本のユダヤ人政策　1931―1945――外交史料館文書「ユダヤ人問題」から』未來社　二〇〇二年
藤山楢一『一青年外交官の太平洋戦争――日米開戦のワシントン→ベルリン陥落』新潮社　一九八九年
丸山直起『太平洋戦争と上海のユダヤ難民』法政大学出版局　二〇〇五年
守山義雄『守山義雄文集』守山義雄文集刊行会　一九六五年

モルデカイ・パルディール『ホロコーストと外交官――ユダヤ人を救った命のパスポート』松宮克昌訳　人文書院　二〇一五年
山崎美和恵編『湯浅年子　パリに生きて』みすず書房　一九九五年
山田純大『命のビザを繋いだ男――小辻節三とユダヤ難民』NHK出版　二〇一三年
笠信太郎『回想笠信太郎』朝日新聞社　一九六九年
ルート・アンドレーアス＝フリードリヒ『舞台・ベルリン　あるドイツ日記　1945／48』飯吉光夫訳　朝日イブニングニュース社　一九八六年
ルート・アンドレーアス＝フリードリヒ『ベルリン地下組織――反ナチ地下抵抗運動の記録　1938―1945』若槻敬佐訳　未來社　一九九一年

有吉正「ナチス・ドイツ崩壊前後の日記より」（『財政』第十六巻第十一号、大蔵財務協会）　一九五一年
田口正男『独逸月報』第八十号　独逸月報社　一九三七年五月二十五日号
津山重美「終戦前夜秘話」（『水交』平成十一年七・八月合併号、㈶水交会発行）　一九九九年
毛利誠子「失われた王冠　ある公爵夫人の回想」（『週刊文春』一九五九年五月二十五日号・六月一日号）
四本忠俊「マールスドルフ籠城記―序―ヒトラー・ナチの独裁時代」（『明治大学教養論集』一八五、明治大学教養論集刊行会）　一九八六年

『日獨月報』一九三八年五月号　日獨月報社

Autoren, Div. “Juden in Berlin — 1671-1945” Nicolai, 1988
Bezirksamt Schöneberg von Berlin u. Kunstamt Schöneberg “Orte des Erinnerns — Band 1. Das Denkmal im Bayerischen Viertel” Edition Hentrich, 1994
Büttner, Ursula “Die Not der Juden teilen” Christians, 1988
Demps, Laurenz “Luftangriffe auf Berlin” Ch. Links Verlag, 2014
F. Liebrecht, Heinrich “Nicht mitzuhassen, mitzulieben bin ich da.: Mein Weg durch die Hölle des Dritten Reiches.” Herder,1990
Fröhlich; Elke “Die Tagebücher von Joseph Goebbels” Saur, 1994
Gruner, Wolf “Judenverfolgung in Berlin 1933-1945” Stiftung Topographie des Terrors, Edition Hentrich Druck,1996

Haus der Wannsee-Konferenz “Die Wannsee-Konferenz und der Völkermord an den Europäischen Juden” Haus der Wannsee-Konferenz, 2006
Hogan,David “Die Holocaust Chronik” h.f.ullmann, 2010
Jochheim,Gernot “Frauenprotest in der Rosenstrasse Berlin 1943” Hentrich & Hentrich, 2002
Rürup,Reinhard “Berlin 1945. Eine Dokumentation” Arenhövel,1995
Museums Berlin “Exil Sganghai 1938-1947” Hentrich & Hentrich, 2000
Stiftung Stadtmuseum Berlin “Leben im Wartesaal — Exil in Shanghai — 1938-1947” Stiftung Stadtmuseum Berlin, 1997

Krebs, Gerhard “Die Juden und der Ferne Osten” NOAG175, 2004
Mila, Wilhelm “Berlin: oder Geschichte des Ursprungs der allmähligen Entwicklung und des jetzigen Zustandes dieser Hauptstadt” Nicolaischen Buchhandlung, 1829
Rosenberg, Alfred “Die Kunst im Deutschen Reich” NSDAP, Folge2 2, 1943
Statistik des Deutschen Reichs “Die Bevölkerung des Deutschen Reichs nach den Ergebnissen der Volkszählung 1933” Statistik des Deutschen Reichs Band 451,5, Berlin, 1936
Statistik des Deutschen Reichs “Die Bevölkerung des Deutschen Reichs nach den Ergebnissen der Volkszählung 1939” Statistik des Deutschen Reichs, Band 552,4, Berlin, 1944

アジア歴史資料センター　https://www.jacar.go.jp/

**六草いちか**｜ろくそう・いちか

作家。1962年、大阪府吹田市生まれ。88年からドイツ・ベルリン在住。主な著作に、森鷗外の名作『舞姫』のヒロイン、エリスのモデルとなった女性を探し、文学界の積年の謎を解明した『鷗外の恋　舞姫エリスの真実』『それからのエリス——いま明らかになる鷗外「舞姫」の面影』（ともに講談社）がある。

いのちの証言《しょうげん》
ナチスの時代を生き延びたユダヤ人と日本人

2017年1月30日初版

著者　六草いちか

発行者　株式会社晶文社

〒101-0051
東京都千代田区神田神保町1-11
電話　03-3518-4940（代表）・4942（編集）
URL http://www.shobunsha.co.jp

印刷・製本　株式会社太平印刷社


ISBN978-4-7949-6952-1 Printed in Japan